舒伯特

Franz Schubert

皮波人物国际名人研究中心 编著

国际文化出版公司

·北京·

图书在版编目（CIP）数据

舒伯特/皮波人物国际名人研究中心编著. —北京：国际
文化出版公司，2013.2
（名人传记丛书）
ISBN 978-7-5125-0443-1

Ⅰ.①舒… Ⅱ.①皮… Ⅲ.①舒伯特，F.P.（1797～1828）—
传记 Ⅳ.①K835.215.76

中国版本图书馆CIP数据核字（2012）第269597号

名人传记丛书·舒伯特

作　　者	皮波人物国际名人研究中心 编著
责任编辑	宋亚晅
统筹监制	葛宏峰　刘　毅　刘露芳
策划编辑	周　贺
美术编辑	丁鍒煜
出版发行	国际文化出版公司
经　　销	国文润华文化传媒（北京）有限责任公司
印　　刷	三河市嵩川印刷有限公司
开　　本	700毫米×1000毫米　　　16开
	11.5印张　　　　　　　108千字
版　　次	2013年2月第1版
	2020年9月第2次印刷
书　　号	ISBN 978-7-5125-0443-1
定　　价	28.70元

国际文化出版公司
北京朝阳区东土城路乙9号　　邮编：100013
总编室：（010）64271551　　传真：（010）64271578
销售热线：（010）64271187
传真：（010）64271187-800
E-mail：icpc@95777.sina.net
http://www.sinoread.com

目录

目录

目录

目录

年少的生活

有趣的三兄弟

19世纪初的音乐摇篮维也纳，海顿、莫扎特、贝多芬的音乐浪潮过后，又冉冉升起了一颗光辉璀璨的音乐新星，他就是弗朗茨·舒伯特。

弗朗茨·舒伯特，是著名的奥地利作曲家，他仅仅活了31年就溘然长逝，但留给了我们600多首歌曲，18部歌剧、歌唱剧以及配剧音乐，10部交响曲，19首弦乐四重奏，22首钢琴奏鸣曲，4首小提琴奏鸣曲以及许多其他作品。如此惊人的创作数量，他被人们誉为"歌曲之王"。他创作的曲目当中，最有代表性的歌曲有《圣母颂》《菩提树》《鳟鱼》《魔王》《野玫瑰》《小夜曲》，声乐套曲《美丽的磨坊女》

舒伯特雕塑

《冬之旅》等。

想要了解这位艺术家充满传奇色彩的人生经历，就要从舒伯特小时候说起。

那是一个秋日宜人的午后。

三个少年在维也纳郊外的大街上急匆匆地奔走，三个当中个头最高的少年示意另外两个少年，前方就是目的地。

于是，他们停在了一幢宽敞的大房子面前。

走在最后、年龄最小的少年迟疑了一会儿，随后首先走入了大门。

他们边走边看，走到院子当中的时候，年龄最大的少年忽然对另外两个说：

"这里就是你们出生的地方。"

猛然看去，三个人的相貌长得很相近，其实他们本就是兄弟，年龄最大的9岁，其次7岁，最小的6岁。

"我仍旧清楚地记得，当我在二楼透过窗户看风景的时候，外面十分美丽，而且还可以看到两个教会的塔并排着，乍看上去离家里很近的样子。"首先说话的是7岁的卡尔。

卡尔刚刚说完，9岁的费迪南德接着说：

"嗯，之前你来过一次了，但弗朗茨是第一次过来。"

"是的，我是第一次来。我真的出生在这里吗？"

6岁的弗朗茨·舒伯特环视着四周，对这里没有一丝印象，不过他的脑海中似乎闪现出一些事情，他抬头看了看前面的两个房子，指着问道：

"那么我们是什么时候搬到新家去的呢？"

"就在前年啊，也就是1801年。人们都说，现在是新的世纪了，所以房屋和生活也都要换成新的。"

兄弟三人就在院子当中热烈地谈论着，而且时不时指着他们出生的那栋房子说着什么。这时候，院子当中的三棵枫树的叶子已经悄悄地变成了红色。

院子当中有楼梯，扶手上的油漆早就掉了，只能看到铁锈，这里似乎很久没有人居住了。在楼梯的阳台左面，5个透明的窗户并排着，好像5只眼睛在看着这个世界一样。

"你们好！怎么是你们啊？真是稀客，你们是舒伯特先生的儿子吧？"

听到背后有人说话，他们3个同时回头，发现在院子另外一边的二楼之上，有一个胖得可爱的妇人正在笑吟吟地盯着他们。

"请问你们有什么事情必须要过来吗？你们的父亲叮嘱你们什么了吗？那个最小的孩子，不是弗朗茨吗？什么？你都已经6岁了，上一年级了啊？时间过得真是快。你们大家都还好吧？家里一切都好吧？什么？现在你们竟然有5个兄弟姐妹了啊？你们兄弟姐妹当中最小的是妹妹吧？小女孩一定是最可爱的了！"

兄弟三人看着这个女人一直在不停地唠唠叨叨，有些厌烦，急匆匆地穿过院子，回到了大街上。

"刚才一直说话的大婶是谁呀？"卡尔很好奇地问道。

"刚才那个是咱们之前的房东，她最唠叨了……嗯？弗朗茨像是有些难为情了。"9岁的费迪南德回答。

舒伯特走在哥哥们的前边，他轻声地唱着歌曲。他一边用鞋尖不停地踢着街边的小石头，一边哼唱。

19世纪初期，这条马路虽然还是属于首都维也纳的管辖范围，但距离维也纳很远。所以，在这条马路上来往的交通工具，大部分是一些邮政和载客的马车还有人们骑乘的马匹。

在马路的另一侧，有很多的空地。

"费迪南德哥哥，我们到底有几个兄弟？假如一个都没有死的话，一共是几个？"

舒伯特忽然想起刚才那位胖胖的房东阿姨的话，回头问着。

"这么跟你说吧，我是第10个，而你是第12个。而且，咱们下边还有两个妹妹，但只有特丽莎活了下来。这一共是几个人，你可以自己算算。"

卡尔接着说：

"这也就是说，从大哥哥到费迪南德哥哥之间的哥哥们都没有活下来。之后就是我，我的下面是弗朗茨，最后是特丽莎，现在一共有5个人……"

卡尔脑子有些乱，开始掰着手指头算，这时候听到舒伯特说：

"假如全部都算上的话，共有14个人。"

"嗯，你算得很对，弗朗茨。"哥哥费迪南德夸奖着舒伯特。

不过在那个年代，14个孩子不是什么让人吃惊的事情，而且那个年代有很多孩子在没有长大之前就死掉了，这可能是那时候的卫生条件差和营养不良的原因。

看着舒伯特被哥哥夸奖，弟弟卡尔显得有一些不服气，他说：

"这样对吗？伊格纳茨大哥哥是最大的，费迪南德是第10个，在这其中，死去了8个，之后呢就……"

卡尔又开始计算着，但是他的脑子实在用不过来，只好放弃，他冲着舒伯特说："喂，弗朗茨，快别愣神了，我们都要走过头了。"

舒伯特听完之后停了下来，朝着马路对面一望，果然见到了通往自己家的巷口。

兄弟三人见到巷口就奔跑起来，大胆地横穿马路。之前已经说过，这地方在首都维也纳的郊外，而且那时是19世纪初，所以即使横穿马路也不是很危险。舒伯特所走的道路叫诺斯多弗大路，也属于维也纳市区。

兄弟三人横穿诺斯多弗大路之后，见到一辆两匹马拉的马车疾驰而过，远处还能看到好几辆马车。

这时候，五六个绅士模样的人骑着马缓缓走过来。因为今天是星期日，而且已经到了黄昏时分，所以骑马去往北边的森林郊游的人们正好这时候返回来。

卡尔转过头去看北边的丘陵，夕阳正好将它笼罩，他不禁说："你看那座山，很漂亮！"

这个时候，刚刚还在独自唱歌的舒伯特说：

"听说鼎鼎有名的贝多芬就住在那边，是真的吗？"

这时，费迪南德忽然见到他的朋友正从巷口走了出来，就开口叫住了他，然后对他的两个弟弟说："你们先回去。我要和菲利士玩一会儿。"

他们二人被哥哥抛弃了，两个人口中一直埋怨着说，假如4点半之前不回去读书的话，一定会被父母骂死的。但正当他们抱怨的时候，竟然也都碰到了彼此的朋友，他们只好也打消回家的念头，各自去玩耍了。

他们的家名叫"黑驹馆"，就在这个巷子里面。

舒伯特出生于里希田塔尔，这一带是比较贫穷的地方。即使这里是维也纳的郊区，但他们仍然是维也纳的市民。

当然，维也纳是当时神圣罗马帝国，也就是德意志帝国的首都。在德意志皇帝的统治之下，维也纳在经济文化方面都十分发达。

可能很多人都会奇怪，为什么维也纳是德意志的首都？这地方应该是奥地利的首都才对。但当时，奥地利也是德意志帝国（神圣罗马帝国）的一部分。

所以也可以说，舒伯特家的孩子们，既是德国人，也是奥地利人或者维也纳人。

这时候，舒伯特兄弟们的家——"黑驹馆"，在夕阳的笼罩下显得安静而祥和。

特殊的地方

从诺斯多弗大路向西走进一条巷子里，就可以看到"黑驹馆"了。其实，这只是一幢很普通的房子。

走进房间，就可以看到房里摆着各种乐器，有钢琴，还有小提琴、中提琴和大提琴，当然也有很多的乐谱。一对中年夫妇与一个年轻人，正聚在桌子旁边喝着红茶。通过这些乐器和乐谱，可以知道这家人一定十分喜爱音乐。隔壁的每一个大房间里都放了很多张小桌子，中间有一个黑板，看起来像是学校里的教室。

其实，"黑驹馆"是一所小学，虽然它看起来很像补习班，但确实是一所正式的学校。像补习班，是因为校长的一家人都住在这里，可以说这里是住宅兼学校。

"我们不清楚到什么时候会再次爆发战争，物价现在这么高，真是伤脑筋！"

说话的是校长舒伯特先生，他正在将鼻壶拿到鼻子上嗅。他也正是刚刚兄弟三人谈论的 12 个孩子的父亲。虽然他的年纪只有 40 岁，但头发已经有些花白了。

舒伯特先生谈论的，正是那时候拿破仑的势力越来越强大，奥地利的军队曾经有好几次被法国军队击败的事。

"正是这样。不如我们把学费稍稍提高一点，怎么样？现在一个月才 1 弗罗林（奥地利的流通货币），少得可怜。"

现在说话的正是比舒伯特先生大 7 岁的太太伊丽莎白。她与舒伯特先生一样，都是从奥地利北部的西里西亚迁到维也纳来的。之前她在维也纳市里当过餐馆的用人，所以现在她做的饭十分可口。由于年龄的原因，她的头发要比舒伯特先生的更加花白。

"这可不行啊妈妈，我们不能这么做，向来学费低、勤于教学是我们这里的特色。所以，我们还是另外打工赚钱的好。"

提出打工意见的正是他们 19 岁的大儿子伊格纳茨，也就是刚刚那三兄弟的大哥。伊格纳茨是这所小学的老师，除此之外他还教授钢琴。他的弟弟舒伯特现在就跟他学习弹钢琴。

"嗯，伊格纳茨说得很对。这周围的学生绝大部分都是穷人家的孩子。"

舒伯特先生赞同大儿子伊格纳茨的意见。

但是，舒伯特家没那么富裕。那时候的 1 弗罗林大约等于 2 马克（德国的流通货币）。他们学校向每个学生收取很少的学费，这些钱除了当作一家七口的生活费之外，还要支付学校里的一切费用。

"但假如学费还只是收取 1 弗罗林的话，我们星期日就没办法加菜了啊。"

"不用说了。有很多学生的父亲在战斗中牺牲，而且我自身是就协会的干部。假如学费提高了，一定会影响我弗朗茨·舒伯特的名誉。”

有人会很奇怪，为什么父亲和6岁的儿子都叫弗朗茨·舒伯特呢？其实这并不奇怪。必要的时候，还是可以区别出来。

父亲的全名叫做弗朗茨·西奥多·舒伯特，而6岁的小儿子的全名叫做弗朗茨·彼得·舒伯特。这两个人的名字都不短。

父亲舒伯特是一个廉洁奉公之人，所以他不愿意提高“黑驹小学”的学费。虽然他正式被地方政府派任，但他拒绝接受薪水，自己在这种小地方开设了一所像补习班一样的小学。

“三个孩子是怎么回事呢？他们说要去看之前住的老房子，兄弟三人一起出去的，怎么到现在还没回来呢？他们到底跑到哪里去了？”舒伯特太太一边收拾冲红茶的用具，一边说着。

虽然她的建议遭到了丈夫与儿子的反对，可她并没有生气。伊丽莎白是个性情温和而明事理的女人，即使生活在艰辛当中，她还是保持着开朗的个性。

她把冲红茶用的器具收到厨房之后，又为油灯添了油。虽然亚麻子油和猪油混合使用的灯油会让人产生讨厌的味道，可他们一家人似乎已经习惯这种怪味了。

“你看，现在天都黑成这样了。”母亲伊丽莎白担心地说。

大哥伊格纳茨说：“今天是星期日，没什么关系。也许他们碰到了‘红虾馆’的阿姨。”

伊格纳茨说的"红虾馆"就是刚刚三兄弟去过的房子，也就是两年之前舒伯特一家租住的房子。现在他们所住的"黑驹馆"是舒伯特夫妇省吃俭用买下的。这两栋房子都有着很怪的名称。

"我们回来了！"

兄弟三人不知道在哪里又碰到了一起，三个人此时都已经兴冲冲地回到了"黑驹馆"。

"你们都小声点儿，妹妹特丽莎睡着了。"

他们两岁的小妹妹特丽莎，从他们谈话的时候就一直躺在小床上睡得正香。

"你们真是不听话，现在早就过了 4 点半了，晚饭之前，统统都去练琴。"他们的父亲十分不悦地说。

大哥也说："我说费迪南德，你明天不是要到霍尔泽先生那里练钢琴吗？贝多芬的曲子是不容易学的。"听到父亲和大哥这么说，卡尔慌忙说：

"我要学画画，我要画我们之前的房子。"说完就撒腿跑了。

大哥看着卡尔天真幼稚的样子，哭笑不得地说："这小家伙真是的！"

大哥转身向 6 岁的舒伯特说："这一次，你就练这首吧！"说着就把下一次要学习的乐谱递给了舒伯特。舒伯特看了一下说道：

"啊！这竟然是之前费迪南德弹过的曲子。"

刚刚舒伯特所说的曲子，是莫扎特的《C 大调奏鸣曲》。这首曲子虽然是奏鸣曲，却是一首很像小奏鸣曲的可爱而明朗的作品。虽然这首曲子的作者莫扎特已逝世了十几年，可这首曲子在民间仍然很流行。

全家聚会

今天是星期日，舒伯特家开了一个简单的家庭聚会。

这是舒伯特家的习惯。

"今天就从我开始。"父亲说着站了起来，手里拿着大提琴，由大哥担任钢琴伴奏。父亲所要演奏的曲子是海顿《提琴协奏曲》的第二乐章。他拉着琴，悠扬的琴声四起。父亲可能是因为喝了酒，所以没有发挥出平常的水平。

当父亲演奏完毕之后，伊丽莎白还有舒伯特兄弟三人，以及坐在钢琴旁边的大哥都热烈地鼓掌。

"弗朗茨，你就是下一个！"

父亲说完之后，6 岁的舒伯特缓缓走到钢琴旁边，控制着转动的椅子，然后把椅子升高之后坐上去。谱架上没有放乐谱，他竟然是背谱演奏的。他所要演奏的曲子是海顿《C 大调奏鸣曲》的第三乐章。

年少时期的舒伯特竟然把这个快节奏的乐章，弹奏得相当成功。

那个时代跟现在不一样，没有电灯，所以在谱架的两侧都放着油灯，钢琴上的古式镀金的左右两个烛台上，也各自点着一支蜡烛，把琴键照得很亮。这四支蜡烛相互辉映，为看乐谱的人照明了光线。因为舒伯特早已经将乐谱背得滚瓜烂熟，并且为了节省，他只使用了两支蜡烛。

这支曲子的第三乐章是四分之三的拍子，反复弹奏的部分有很多，是很容易了解的曲子。所以一旦有不小心弹错的地方，一下子就能被别人发现。

舒伯特对音乐有着很浓厚的兴趣，他出于对音乐的敏锐，不仅一点都没弹错，而且弹奏得很不错，他弹奏的旋律十分出色，节奏也很清楚。父亲好像被这首曲子迷住了，轻轻地用手在膝盖上打拍子，快乐而满足地欣赏着演奏。

旁边的母亲和费迪南德很认真地听着舒伯特的弹奏，显得很高兴。伊格纳茨显得很紧张，这是因为在之前的一个星期中，他十分认真地教授舒伯特，所以现在对他的演奏很关心。

旁边的蜡烛光辉微微在颤抖，这时候舒伯特所弹奏的曲子，从大调转为小调。舒伯特也将这部分流畅地弹出，当再度回到大调以后，不一会儿整首曲子就宣告结束了。

"你弹奏得实在是太棒了，弗朗茨！"

当他弹奏结束之后，他的父母和哥哥们都热烈地为他鼓掌，衷心地赞美他。舒伯特把回转椅转动了一下，急忙从椅子上跳了下来，向大家鞠躬致意。

但他心里一直在想，这其实是这一个星期努力的结果。

他兴奋地跑到桌子旁边说：

"妈妈，我现在可以吃苹果了吗？"

"可以，完全可以！"母亲含笑望着他。

"弗朗茨现在虽然还够不到踏板，并且还不能熟练控制八度音，但现在已经弹得相当不错了！"

父亲越说越高兴。因为小舒伯特纵使把手指尽量伸开，也没有办法张开到能弹八度音的程度。所以，这首曲子中原有的八度音，全部由大哥伊格纳茨改成了五度音。

伊格纳茨大哥边喝着葡萄酒边说道：

"费迪南德，现在该你了！"

这时候，9岁的费迪南德走近钢琴，把椅子弄得稍微低一点。之后，他开始弹奏贝多芬的《G大调奏鸣曲》。费迪南德与弟弟舒伯特不同，他可以弹奏八度音，而且脚也能够得到踏板，所以能够产生更有效果的演奏。

不过，跟舒伯特的演奏比起来，他在曲子其中一个部分的音乐表达稍微显得不太好。虽然费迪南德犯了一次明显的错误，但是他的演奏结束之后，一家人仍然为他热烈地鼓掌。

到如今，已经有4个人都演奏结束了，剩下母亲还有舒伯特的弟弟卡尔没有演奏。这两个人可以说是在舒伯特家中跟音乐最没有缘分的人。虽然父亲因为卡尔不喜欢音乐十分生气，而且也斥责过他，不过父亲这一阵子貌似已经对他的音乐生涯失去信心，后来总是说："我们家当中有个儿子愿意学绘画，也是可以的。"

　　舒伯特家的4个儿子当中，只有卡尔一个人对绘画感兴趣，而且他确实画得很好。

　　所以当舒伯特一家开聚会的时候，母亲与卡尔在一起合唱就行了。就在那天晚上，大哥伊格纳茨和费迪南德兄弟又继续用小提琴拉奏了贝多芬的小步舞曲。这首曲子并没有用钢琴伴奏，而是按照伊格纳茨编曲的二重奏演奏的。

　　"假如将来弗朗茨也能够拉小提琴的话，我们父子就可以四重奏了。到那时候，就可以称作'舒伯特四重奏乐团'了。"

　　父亲说着说着，感觉这一天马上就要来临似的。就在那时候，舒伯特暗暗下定决心，决定让这一天快点来临。

他是天才

　　1807年的春天，在维也纳北郊里希田塔尔教区的教堂里，传出了圣歌队练唱的美妙歌声。

　　有一对看着像是夫妻的男女，经过教堂的时候，听到了那美妙的歌声，就说：

　　"你看吧，还是《弥撒曲》好听吧！这应该是巴赫的曲子。"

　　"我觉得也是，生活在能够听到这种歌声的世界中，真是太美好了！即使是神圣罗马帝国灭亡，我也都不会觉得惋惜。"

　　"我也觉得是这样！"

他们两个人就这样说说笑笑地走了过去。

而事实上，维持了 850 年的神圣罗马帝国（德意志帝国），已经在前一年的 1806 年被拿破仑消灭了。从表面上看，奥地利算是拿破仑统治的法兰西帝国的同盟国，但其实只是法兰西的属国。维也纳的市民似乎对于以前的德意志帝国，一点都没感觉留恋。

就在这时候，在里希田塔尔教堂内，合唱指挥者迈克尔·霍尔泽先生正用双手指挥圣歌队，手中拿着乐谱的合唱团员们，也都注视着霍尔泽先生的动作。

"主啊，请你怜悯我……"这些人都在反复地唱着同样的歌词。

在那时，拉丁文的歌词被普遍使用。站在里希田塔尔教会里的合唱团的最前排唱女高音的人，竟然不是一位少女，而是个少年。

虽然女高音是由女性唱出来的，但是在少年变声之前，也能够唱高的音域。其实，所谓的"童声高音"也包括了童声中音和童声低音。

"耶稣基督，怜悯我……"

当他们合唱到这里的时候，指挥的霍尔泽先生忽然用右手拍了一下谱架，歌声马上停止了。

"这个环节唱得没有味道，唱到'怜悯我'的时候，'怜悯'的音不对，没有按照升记号唱，应该唱高一点才对。我们从头再练一次吧！"

平时霍尔泽先生性情温和，但只要到练唱的时候，他就变得十分严格。少年们很敬畏他，又继续唱道："耶稣基督……"

"怜悯我……"

就在这时候，他指挥的手突然又拍了一下谱架，说：

"还是不行！你们把升记号唱得太高，而且，升记号之前的三连音也要注意。要这样唱：'哒——哒哒哒，哒——哒哒。'"

他一边用手指轻轻地敲着谱架，一边哼着旋律。紧接着说：

"我们再从'耶稣基督'的地方开始唱。"

听到信号之后，他们又开始唱，但还是没唱好。不管他们怎么唱，都不能让他满意。

霍尔泽先生显得有些不耐烦，他咬着嘴唇，指着站在前排中间位置的一个少年说：

"舒伯特，你自己唱给大家听。"

随着霍尔泽指挥的手轻轻摆动，舒伯特轻快地唱出那一段。

已经满10岁的弗朗茨·舒伯特用优美的高音唱着：

"耶稣基督，怜悯我吧。"

指挥的霍尔泽先生满意地说：

"大家都听到了吧？要像舒伯特刚刚唱的那样，我们要唱出美妙，唱出流畅，唱出感情。"

霍尔泽先生好像完全不知道用什么话再去夸奖舒伯特了。舒伯特受到了夸奖，露出了羞怯的表情。自从两年之前，舒伯特就到里希田塔尔教堂，成为了迈克尔·霍尔泽先生的学生。

经过短时期的学习，舒伯特有了惊人的进步，他现在已然变成圣歌队中最好的高音。他不但学习声乐，也学小提琴、钢琴等乐器，同时，还修习和声及其他的乐理。他对一切事物的理解力都很强，而且比别的学生进步快得多。

舒伯特还在教会附属的音乐室里跟着霍尔泽先生学钢琴。其实，霍尔泽先生曾经受到过舒伯特的父亲委托，所以舒伯特每星期有两个晚上，要到教会去向霍尔泽先生学钢琴。

烛光照耀着谱架上的乐谱，可以看到"贝多芬作曲，作品第二十七分之二"几个字。这首曲子是升 C 小调，所以在五线谱上有 4 个升记号。但是，10 岁的舒伯特并不受 C 大调或 A 小调等调号的影响，轻松地在琴键上弹奏起来。

舒伯特的身材虽然娇小，但他那柔软的手指已经完全能伸展到八度。他用右手弹奏主旋律，左手弹着美妙的和声三连音。他弹奏得十分流畅，绝不像 10 岁的少年所弹出的。

霍尔泽先生坐在舒伯特右边的椅子上，露出欣赏的表情。他默默地聆听着，曲子弹到一半时，他忽然说：

"等一下，那个地方……"

这个受到老师注意的地方，因为要使用左手的技巧，所以对舒伯特的小手来说，会有一些困难。后来，老师又继续听舒伯特把曲子弹完。

"不错！练习得很好，你现在弹得越来越好了！"

慢板乐章演奏完之后，霍尔泽先生夸奖了舒伯特一番。舒伯特对老师说：

"老师，不知道您有没有这种感觉，我总是觉得这首曲子好像跟月光有关系。"

"是，很不错，你形容得很对！"

霍尔泽先生好像不知道该怎么回答才好。看起来，他好像是很佩服舒伯特的样子。这首升 C 小调奏鸣曲就是现在叫做《月光》的名曲，在舒伯特的少年时代还没有这个名称。

"这孩子比他以前来学琴的哥哥费迪南德还要有天分。"霍尔泽心里这么想。

弹完钢琴之后，晚上还有和声练习的课程。这种练习方法看起来好像很烦。但是，这并没有花费舒伯特太多的时间。

刚刚霍尔泽先生只听舒伯特将曲子弹奏一次，就结束了钢琴课程，可以想象，大部分的学生是因为不够用功才要花费很多时间。

"习题做得怎么样？今天做了多少？"

"做到 63 页了。"

舒伯特将五线谱的本子放在谱架上，并把本子打开。他写好答案的地方比老师所规定的进度已经超过了两课。

"接下来，你来弹一弹。"

舒伯特把做好的和声，接二连三地弹了出来，一点错误都没有。霍尔泽先生深深地点头道：

　　"好！做得好。你把习题写完之后，有没有拿给你父亲或伊格纳茨看过？"

　　"还没有呢。"

　　"这是真的吗？"

　　"我的大哥这个星期去旅行，估计明天才会回来。"

　　"是这样啊！我觉得你越来越有天分了。"

　　现在，老师不但是欣赏舒伯特，更是露出了赞叹和惊讶的表情。其实，所有的和声问题都是舒伯特自己解决的。他用不着父亲或哥哥指导，只用自己的耳朵听就能够明白。他那位今年13岁的哥哥费迪南德在音乐方面完全赶不上他了。另外，23岁的大哥伊格纳茨从一开始就没有打算成为音乐家，这一点，他和父亲老舒伯特是一样的。

　　当然，父亲和大哥都喜欢音乐，所以，舒伯特家从很早之前就举行家庭音乐会了。但现在对于乐器的演奏以及和声练习的问题，舒伯特全家人已经都赶不上10岁的小舒伯特了。所以，父亲就让舒伯特到霍尔泽先生那里去学习。

　　现在，霍尔泽先生手拿着舒伯特的五线谱本子，用二分音符和全音符写了八小节的主旋律。然后对舒伯特说：

　　"把这个旋律配上和声弹弹看。用不着写上去，用钢琴马上弹出来就可以了。"

　　舒伯特把本子放到谱架上，打开本子后，就把脸凑上去看谱，这是小舒伯特一向的习惯。霍尔泽先生说：

"不要把脸靠得太近了。不然的话你会变成近视眼的，一定要小心。"

"是的。"

但是，舒伯特仍旧不知不觉地把脸凑近五线谱去看。其实，这时的舒伯特已经有点近视了。老师也忘了再一次提醒舒伯特，因为，舒伯特已经将主旋律配上了美妙的和声，而且其中居然有霍尔泽没有教过的七和弦。

"好，真是太好了！对了，我想起一件事。我很早就想跟你的父亲说，但总是忘掉。我准备今晚上完课后出去散步，所以，我现在可以送你回家，并去你家坐坐。"

舒伯特练完琴之后，就和霍尔泽一起回家。

对于老师的忽然来访，校长夫妇都感到很吃惊。

"霍尔泽先生。十分感谢您特地送舒伯特回家。"

"不，不，我不是送他回家，而是来和你谈一件重要的事情。"

"先生，您这么一说，倒让我有些害怕。"

"请原谅，校长先生，说实话，我现在已经没有东西可以教给你的儿子舒伯特了。"

"什么？霍尔泽先生，您不要开玩笑，您这句话到底是什么意思呢？"

当舒伯特校长大为吃惊的时候，霍尔泽先生就把刚才舒伯特上课的情形告诉了他。他说，舒伯特很有音乐方面的才华，能立刻把一段八小节的主旋律配上和声，并且对于还没有教过的东西，也已经能了解。接着，霍尔泽先生又说：

"说实在的，这孩子的手能创出和声。他是个天才，而且是个不可多得的天才！他不但歌声美妙，音程和节奏也掌握得很好。至于乐器的演奏，无论是弹钢琴或拉小提琴，他的天分确实比别人高。之前他在教会里，也常常帮我弹赞美歌的伴奏，这件事你是知道的。此外，像和声一类的乐理，他也都懂。所以，现在我已经完全没有东西可以传授给他了。"

"霍尔泽先生，我们对您真是感激不尽！但舒伯特毕竟是个孩子，先生您又是位著名的对位法权威，请不要太谦虚。"

"这不是我谦虚的问题。虽然我还没有教他对位法，但我深深知道，即使是我不教他，他也早就懂得了。像对位法这种学问，有天分的人是不用学习的，我对他一直都有信心。"

"霍尔泽先生，请您千万别这么说。"

"舒伯特先生，这是真的。之后他要是到教会或是到我那儿去，我会十分愿意把一切都教给他。可是最好还是尽快给他找一个好的学校，或者找一位更好的老师让他继续学习。我就是为了这件事才过来拜访你的。很久之前，我就想来拜访您了。今晚因深深察觉舒伯特的音乐天分太高，所以情不自禁地来此。说实话，校长先生，你要仔细考虑这件事。天才是要尽力培植的。所以，我们应该尽量设法找寻机会或是找人事关系。"

当舒伯特的父亲听到里希田塔尔教会合唱团的指挥——

霍尔泽先生的话之后，这位 44 岁的"黑驹小学"校长还有他的校长太太，内心中洋溢着说不出的感谢。可是，舒伯特家很穷，要学习音乐，势必会花费不少的钱财。舒伯特之后到底何去何从呢？

报考音乐学校

　　日子过得飞快，转眼间又是一年多过去了，这时候已经是 1808 年的晚春。

　　5 月 28 日，舒伯特的父亲正在阅读《维也纳日报》，他看着看着，突然大声叫道：

　　"好！好啊！这是个好机会！"

　　原来，报纸上刊载着一条启事：

　　"帝室王室宫廷礼拜堂，征求两名少年合唱团员……"

　　为什么叫做帝室王室呢？这是因为奥地利皇帝也兼任匈牙利的国王，所以当时在习惯上一直都叫"帝室王室"。

　　再说，所谓的礼拜堂，虽然不是真正的教堂，但也是基督徒做礼拜的地方，所以，需要合唱团和管弦乐团。启事上所说的"合唱团"，可以说是礼拜堂专属的少年圣歌队。

　　在这篇启事上，用十分浅显易懂的文字为大家介绍：

　　"帝室兼王室附属的宫廷礼拜堂专属少年合唱团，这次决定再补足两名少年团员。有意加入者，请于 9 月 30 日（1808

年），到大学巷796号的帝室王室宏威克特学校报考。考试的范围是，之前所学过的所有科目以及对音乐方面的知识。参加考试者必须带上学校的证明书。愿报考者，须10岁以上，且具备文法初级班的能力。录取的少年，只要品学兼优，变声之后，仍有继续再学的机会。"

舒伯特先生见到这条启事之后，便马上叫道：

"伊丽莎白！"

他的太太被呼唤出来之后，他立刻拿这一条启事给她看。

这是一个令舒伯特先生高兴的消息，对11岁的小舒伯特而言，更是一个求之不得的机会。因为这是一个十分理想的学校。

这所学校名叫宏威克特，是19世纪之后重新开办的学校。之前是一所神学院，但到了现在，学习科目已经不限于宗教，而且中学生到大学生都必须住校。在礼拜堂的少年合唱团中，宏威克特学校的学生占了10个名额，其他的团员都是由别的教会培养出来的。就读于宏威克特学校的少年合唱团员，住宿费和学费都是由校方负担的。

这些合唱团的少年，不仅要接受音乐的教育，还要接受一般科目的教育，而且一切费用全免。这对于生活困苦的人来说是最理想的学校。只不过，他们在礼拜堂举行仪式的时候，必须参加合唱。但对于11岁的舒伯特而言，这种义务根本不成问题。难怪舒伯特先生为此兴奋异常。

于是，11岁的舒伯特决定报考宏威克特学校。

这一年的秋天，宏威克特学校又把所招考的学生扩增为三个人。即使是这样，要考进这所学校也十分困难，因为报考的人非常多。

考试的那天，报考少年的家长，陪同孩子一起过来。所以这座校园看起来与平常不一样，到处都是嘈杂的人声。

"快看！那副奇怪的样子，那到底是哪一个国家的服装？"

"好像是18世纪中期的服装，这孩子到底是什么人？啊！他就是舒伯特家的弗朗茨·舒伯特。"

报考的少年和陪考的家长们都纷纷地对舒伯特品头论足。那一天，因为舒伯特穿了一件藏青色的老式上衣，所以引起很多人的注意。

"听说今天主持这项考试的主任委员是萨列里先生，真不愧是宏威克特学校啊！"

安东尼奥·萨列里出生于意大利，曾经因为是莫扎特的竞争对手而出名。萨列里已经61岁了，但仍然担任宫廷乐团的指挥。他在维也纳的音乐界具有相当大的影响力。今天，这位先生是担任考试的主任委员。

对于少年合唱团员来说，最主要的科目当然是音乐。所以，有关音乐技巧的考试，必须个别举行。

考生所要报考的项目有钢琴、小提琴和声乐。

萨列里主任委员、艾伯勒校长和库那先生等达官要人坐在考场的音乐室当中。当弗朗茨·舒伯特被叫到名字进到音乐室时，考试已经进行了一大半。

"你把这个唱唱看！"

坐在旁边的年轻助手，交给舒伯特一份陌生的乐谱。这是海顿所作的苏格兰民谣之一，难度并不是很大。所以，舒伯特轻而易举地以美妙的高音，流畅地唱完了这首歌。

"好的。请再唱唱这首吧！"

坐在中间位置的一位中年老师用手势把舒伯特叫过去，并将另一份乐谱交给舒伯特。像这种情形，在这天的考试中很少发生。一般的考生唱到一半的时候，这位中年老师便会使个眼色，年轻的助手就会对考生说："行了，唱到这里就可以了。"

但是，舒伯特的歌唱得好，所以温哲尔·库那先生便亲自将另一份乐谱交给舒伯特。

"耶稣基督，怜悯我吧！"

这首歌是巴赫《弥撒曲》的开始部分。由于舒伯特唱过这首曲子，所以他自然唱得很好。在他还没唱完之前，考试委员们都互相轻声地说：

"这孩子唱得真是不错！"

"嗯，比别的考生唱得好多了！"

舒伯特唱完之后，库那先生说：

"好，唱得好！你在哪里学过这首曲子？是跟哪一位老师学的？"

"是跟霍尔泽先生，在里希田塔尔教会学的。"

"这就难怪了！真不愧是霍尔泽先生的学生！"

"实在是太棒了！但你除了唱得好外，会不会看乐谱呢？"校长艾伯勒神甫问道。

"校长，刚才在另一个教室，已考过小提琴的视谱力了。舒伯特，刚才你不是戴着眼镜吗？为什么把眼镜摘了下来？"

被库那先生这么一问，舒伯特不禁红了脸。虽然，他戴上眼镜能够看得更清楚，可是刚才他正在休息的时候因为这个被别人取笑。所以，内向的舒伯特只好一直把眼镜放在口袋里。

"难怪你看谱时，脸靠得那么近。你要好好保养你的眼睛，不要怕戴眼镜。"

在那个年代，就连大人们都很少有戴眼镜的。

萨列里主任委员小声地对库那先生说了几句话后，就和艾伯勒校长一起离开了音乐室。这些主考官们是前去巡查其他教室的考试。在所有考生中，只有弗朗茨·舒伯特受到主考官和所有考试委员们的赞扬。

声乐科目是当天的最后一项考试，舒伯特从教室走出来的时候，霍尔泽先生走过来对舒伯特说：

"舒伯特，做得好！"

这天下午，霍尔泽先生特地到这里来看舒伯特的考试情况，而且舒伯特的大哥伊格纳茨也早已经笑着站在霍尔泽先生的旁边。

"刚才那位先生就是库那先生。他是宫廷风琴演奏者，还是一位能拉小提琴、中提琴和大提琴的著名人物。你以后可能跟他学习音乐。这样，比起跟着我这个不知名的老师学习，不知道强多少倍。"

霍尔泽先生十分兴奋，好像舒伯特已经被录取了似的。

不过在放榜之前，所有人都为舒伯特担心着。

终于等到了放榜的日子了，大家围得水泄不通的榜上写着，被录取的三名少年合唱团员是：唱高音部的弗朗茨·舒伯特、缪勒和唱低音部的威瑟。

舒伯特先生听到了人生中最大的喜讯。

舒伯特的内心虽然也有一些得意，但还是会感到很孤独。因为上了学之后，他就只能离开家里最亲近的人，住到学校的宿舍了。

学校的生活

由于舒伯特之前家中就是学校，平常进进出出的人非常多。每当他们开家庭音乐会的时候，喜欢音乐的邻居们都会过来参加，热闹非凡。从这种热闹的家庭当中，忽然迁移到环境截然不同的宿舍里，而且每星期日才能够回家一次。所以刚开始的时候，原本性格内向的舒伯特，自然是感到很不习惯。

可是，随着时间的推移，弗朗茨·舒伯特逐渐地习惯了住校的生活。

"我不喜欢上小提琴课，因为库那先生好可怕。舒伯特，你拉得很好，一定没有问题！"和舒伯特同期的同学缪勒对他说。

威瑟也笑着对他说："对，在管弦乐团演奏的时候，舒伯特经常坐在好的位置上。不过我已经申请了可以不必上小提琴和钢琴课的科目。我认为，我们是宫廷少年合唱团团员，只要在举行礼拜仪式时把歌唱得好就可以了。没想到，除了音乐课之外，我们竟然还要学习数学、历史、地理、文学、绘画、法文、意大利文等，实在是吃不消！"

威瑟说完之后，听到有人敲门，然后大踏步地走进来。

"啊！原来是'老爹'。"

"怎么叫我'老爹'呢？我不像你们这些小家伙，我是一个正式的大学生。"

故意装生气样子的"老爹"就是舒伯特所住宿舍的委员，也就是高年级的法科学生斯帕文。在宏威克特学校里，有各种年龄和不同家庭出身的学生，他们专攻的科目并不一定是音乐。在大学部方面，宏威克特学校只缺医科的学生而已。

"威瑟，你实在是太阴险了！还只是个新生，就开始翘选修的钢琴课和小提琴课。教务处已经通知我了。假如你真不喜欢个别教授的话，来参加管弦乐团好了。我会好好修理你的。"

斯帕文已经 20 岁了，他虽然是法科的学生，但更喜欢音乐。他担任各级学生管弦乐团的指挥。

"我不要！我完全不能接受'老爹'的指挥，如果是由库那先生指挥，我还可以参加。"

威瑟十分不悦地回话说。

"你这个家伙！像你这种没才能的人，我才不愿意教你。但是，你倒是可以听听这次要演奏的《魔笛》序曲。你知道《魔笛》是谁作的吗？"

"你别小瞧我了，是莫扎特作的。"

刚开始的时候，舒伯特不敢随便和学长们说话，可是不知道为什么，他只对斯帕文一个人感到敬重和亲近。

听说原因之一是，斯帕文的家庭条件很好，他曾经很多次为了学校的管弦乐团而自掏腰包，或是捐赠乐谱。

"舒伯特和缪勒，你们两个今晚早点过来练习吧！听说艾伯勒校长要来查看练习的情况。"

斯帕文说完后，走出了房间。这个"老爹"虽然总是跟他们没大没小的，可他却是性格爽快而诚实的人。舒伯特一直都认为，斯帕文真的是个好人。

内向的舒伯特只有在与斯帕文谈话时心情才会比较放松。因为斯帕文是比他大9岁的学长，所以舒伯特说话的时候当然是毫不客气的。

那天是星期日，做完礼拜之后，舒伯特正准备回家。他高兴地走出宿舍的时候，斯帕文从二楼的宿舍窗户探出头来叫道：

"舒伯特，我看到你了，你又要回去依偎在你妈妈的怀里吗？"

舒伯特回答说：

"是啊！我正要回去啊，我们家的菜比这儿丰盛。"

对于内向的舒伯特而言，要说出这种话，需要相当大的勇气。只因为对方是斯帕文，他才敢说出这种俏皮话。

"在维也纳有家的人真好，你今年到底几岁？"

斯帕文出生于离首都维也纳西方大概 150 公里的林茨，他的全名是约瑟夫·冯·斯帕文。从他名字的中间"冯"字就可以知道，这是相当有名望的家族。在德国，中间的名字叫做"冯"的人，必定是贵族出身。

"最近就要满 12 岁了，我的生日是 1 月 31 日。再见了！"

舒伯特正准备离去时，斯帕文又在背后说：

"代我向你父母问好，顺便告诉他们，我也想到黑驹小学的家庭音乐会中去体验一下。"

"我会转达的，再见！"

舒伯特说完话后就开始奔跑起来。对于舒伯特来说，回家这种事是十分快乐的。

虽然，舒伯特在学校体验了一些社会上的事情，可是他毕竟只是不到 12 岁的少年，所以星期日能够获准回家，让他激动不已。在回去的路上，他想起了去年斯帕文因捐很多钱给学校的管弦乐团，以至于没钱搭乘马车回林茨，只能步行回家的事。舒伯特在佩服斯帕文慷慨的同时，也为自己家离学校近觉得庆幸。

进了宏威克特学校，舒伯特在音乐方面的才华得到了更全面的发展。之前父亲所期望的家庭四重奏，现在已经能够举行了，因为舒伯特已经能演奏小提琴和中提琴了。这之后不久，他又学会了演奏大提琴。

就这样，舒伯特在家把音乐作为精神食粮，在学校勤奋学习音乐，不知不觉中度过了第一学期。

之后学校也公布了学期的学习成绩。宏威克特学校是采用每学年两学期的制度，所以这次公布的是 1808 年秋天到 1809 年春天这学期的成绩。

舒伯特在包括 2 个同班同学和 7 个学长的 10 个少年合唱团当中，成绩是最好的。他的成绩单的备注栏里还声明，他是个"颇具音乐才华"的学生。

受到战争波及

1809 年 5 月 12 日的晚上，第二学期很快就开始了，可就在这时候，奥地利首都维也纳发生了大规模的骚动。外边到处能听到枪炮声，人心惶惶，没有一个人能安心入睡。法国大帝拿破仑统领下的军队又开始进攻维也纳了。

当时的德意志帝国，因为很长时间以来一直都败给法国军队，多年来受到拿破仑的压制，因此，反抗意识十分强烈。

每个地方都有反拿破仑的运动。

这次叛乱发生在奥地利的西部，拿破仑知道这次的叛乱之后特别生气，就下令用大炮轰击奥地利的首都维也纳。

当然这次战争并不是世界大战那种大规模场面，只是每隔一段时间，就会发射一次榴弹。可就在当时来说，榴弹是一种强劲而可怕的武器，它在落地后就会爆炸。整个维也纳市区内都可听到大炮的声音，人们都恐惧万分。

夜空出现一声巨响，宏威克特学校的宿舍玻璃都被震碎了。住宿的学生们吓得要死，一个个把脑袋缩在棉被里。

这也许就是炮弹落在了校园的某一个地方所引发的震动。

"真是太可恶了啊！"

跑到舒伯特等人的寝室来巡逻的斯帕文愤愤地说："你们太不像样了，一个个都吓得脸色苍白了。"

"不要乱说，老爹，这么黑你怎么看得到我们的脸？"

"我不但看得到，还看得很清楚。脸色最苍白的人就是你——威瑟。"

斯帕文取笑了威瑟一会儿之后，接着说："幸好没射中，好像没发生火灾。"宏威克特学校是石造的建筑物。

"舒伯特，你是怎么了呢？你的脸色也很苍白。"斯帕文又说。

"你少来！斯帕文，刚才大炮响的时候，你还不是用双手捂着头，躲在我的床下？"

"这都被你发现了啊。你这个近视眼，只能看到不该看到的东西。"

听完这些话，大家都笑了起来。正因为斯帕文是这么一个有趣的人，所以大家都很喜欢他。

"武力强的人称霸于世界的时候，就好像正在流行的传染病一样，我们实在是一点办法也没有。不过，拿破仑迟早会被打败的。我实在不愿意再看到战争。因为一旦爆发战争，就会有战败、谈和，然后又是战争、战败、谈和，这不知道什么时候才能结束！我真希望尽快开音乐会。我们的管弦乐团现在正上轨道，在社会上也开始有了名气。"

宏威克特学校的管弦乐团，一共 12 个人，包括大学生、中学生、小学生等，算是小规模的管弦乐团。在天气晴好温暖之时，他们就把练习室的窗户打开，练习音乐演奏，而这往往能吸引许多路人或邻居。所以，这些年来，警察先生常要为了附近居民把椅子搬到马路上欣赏音乐的事，出来管制民众或整顿交通。

在那个年代，还没有唱片、收音机和电视，所以对大家来说，能够直接欣赏管弦乐团的演奏，是一种美妙的享受。

宏威克特管弦乐团原来是由库那先生组织和指导的，最近才由高年级的斯帕文担任代理指挥。舒伯特虽然只是个少年，可他的小提琴技巧已经很出色了，经斯帕文的推荐，他在加入管弦乐团后不久，就担任第二小提琴的首席。

现在因为战争，管弦乐团的练习不能顺利地进行。

"但是也正是由于战争，政府的法令才会延迟，我现在才能够留在宿舍里。要不然的话我现在已经离开了维也纳，到乡下当公务员去了。"

斯帕文说得很对。因为现在他已经毕业了，不能算是宏威克特学校的学生。他因为酷爱音乐，怀念学校的管弦乐团，所以才留住在宏威克特学校的宿舍内。

舒伯特很清楚，斯帕文早晚有一天会离开宏威克特学校，所以内心感到万分不舍。对舒伯特而言，这位比他年长9岁的斯帕文比其他同学更能使他有亲切感。

秋天到了，天气慢慢变凉了。过了很长时间，维也纳市终于恢复了平静。因为维也纳市与拿破仑签订了和平条约。

从18世纪末算起，在舒伯特出生那年（1797年），法国与奥地利间，首次订立了《坎坡福米奥和约》。10年过后，双方又签订了《吕内维尔和约》《普雷斯堡条约》。这次，他们再度签订《维也纳条约》。从这些条约中可以看出，奥地利和拿破仑的军队之间经常发生战争，而且奥国军队每一次都吃败仗，失去了很多的领土。

维也纳的市民恨透了拿破仑，可是也没有什么办法，最让人担心的是，从古至今防卫维也纳市的城墙也在战争中被破坏了。

"经过这次战争，这条里希田塔尔街也和旧市区内没什么差别了。现在已经用不着什么城墙或城门了，这种东西越早毁坏越好。"

这句话是经过数个月以后又回到宏威克特学校的法学士

斯帕文说的。在上次榴弹落到宏威克特学校发生骚动之后不久，斯帕文离开了维也纳，去往别的地方担任地方官。维也纳恢复平静以后，他听说宏威克特学校的管弦乐团又恢复练习，所以就忍不住找个借口请假，特地到宏威克特学校来两三天。就这样，他忽然出现在他所怀念的母校乐团练习室里。

当然，舒伯特和其他的 30 名乐团团员也为他的到来感到十分高兴。

"听说，还没完全拆掉的旧城壁，迟早会被拆除的。这么一来，旧市区和郊外就完全没有区别了。"

正像舒伯特说的一样，在不久的将来，共有 34 个卫星乡镇可能会和旧市区连在一起。

"这样的话，像你这种住在郊区的人，也会变成维也纳人了。"

斯帕文又跟过去一样取笑舒伯特。他又接着说：

"现在应该马上开始练习，因为时间宝贵！这次我在维也纳待的时间很短。"

"那么今天就请老爹过来指挥，我也会帮忙。"

舒伯特说完之后，所有的团员都在想："这是难得的机会！"

"老爹加油！"虽然斯帕文已经毕业了，可他仍旧和过去一样受到大家的欢迎。

心中早有了计划的斯帕文说："我今天用这个就足够了。"

说完之后，斯帕文站了起来，手中拿着小提琴的琴弓。

在那个年代，乐团的指挥不像现在这样明显、独立，大部分是小提琴的首席兼任指挥。之前，宏威克特管弦乐团是由库那先生亲自担当小提琴手的。

与斯帕文一起演奏

假如管弦乐团当中加上钢琴或大键琴的话，那么演奏钢琴或大键琴的人，就会成为乐团的关键人物。那个年代跟现在不一样，现在乐团中有专门的指挥者用指挥棒指挥整个乐团。

斯帕文没有按照惯例，他只是拿着小提琴的琴弓站了起来。舒伯特拿起小提琴，也站在离斯帕文不远的地方。现在绝大多数的人都知道，代理指挥斯帕文离开学校之后，舒伯特奉了库那先生的命令，代替斯帕文担任代理指挥。斯帕文说："我不喜欢别人的曲子，假如是莫扎特或贝多芬的曲子，那就最好不过了。"

但是现在乐团的谱架上，放着一个不太出名的交响曲的乐谱。

"我觉得克哲洛夫的曲子比科隆马的曲子要好一些的。"

现场没有几个人认识他们说的这些作曲家。但在当时，他们经常演奏这种曲子，这可能是库那先生和这些作曲家认识的缘故吧！

"今天库那先生不会到这儿听我们演练。因为他明天要出差考察旅行，现在他可能在家里忙着整理行装，这是我刚才在总务科听来的消息。"

当斯帕文说完之后，团员们都争着说："老爹！你的消息还是跟之前那么灵通啊！"

"你很久没来了，一回来就知道这件事了。"

"那么，我们不要演奏克哲洛夫的曲子，改演奏莫扎特的曲子，你觉得如何？"

"这样好了，演奏莫扎特的《G小调交响曲》吧！"

"对！刚好这首曲子的乐谱是老爹捐给乐团的，我们就演奏莫扎特的曲子。"

于是莫扎特《G小调交响曲》的乐谱取代了克哲洛夫乐曲的乐谱，出现在各团员们的谱架上。这首曲子是斯帕文和舒伯特最喜欢的乐曲。

"那我们现在就开始！"

斯帕文手拿小提琴的弓开始指挥，舒伯特站在离斯帕文不远的地方，好像独奏者一样，手拿着小提琴准备演奏。这种情形等于两个人共同指挥。在当时，这种重复指挥的情形并不奇怪。有时候，也有三重指挥或超过三人以上的指挥。

斯帕文挥动着指挥棒，莫扎特的《G小调交响曲》便悠扬地开始了。

这时候舒伯特只有12岁，但是已经担任了代理指挥，而且这一天还是他最亲近的朋友斯帕文担任总指挥，所以舒伯特心情愉快，拉奏得十分出色。所有的团员也由于斯帕文的来到更用心地演奏。

乐曲从第一乐章的快板逐渐进入第二乐章的行板，也使原来的悲怆快速曲调变得和缓安详。室内充满了美妙的乐音。

演奏完第二乐章之后，忽然窗外传来了一阵叫好声和热烈的掌声。斯帕文、舒伯特和全体团员都吓了一跳，不约而同地往窗外看，发现窗外竟然出现了一大群人，他们不知道是什么时候站在窗外倾听的。站在最前面的人，脸已经几乎贴在窗户的玻璃上了。这些人都看着室内，并不停地鼓掌。

斯帕文很激动，他挥动了一下拿着指挥弓的右手，向窗外的听众们答礼，之后他对舒伯特及团员们说：

"这真是让我吃惊，这么恶劣的环境，而且窗户也没开，还会有这么多人来听我们的演奏啊！"

"老爹，快站起来，我们一起把曲子演奏完！"

其中的一个团员受到了很深的触动，其他人也都赞同着说："好！"

"对，喜欢音乐的邻居们对于学校管弦乐团的复出一定感到很高兴。"

"加上今天晚上演奏的是已经很久没被演奏的莫扎特的曲子。"

"而且指挥又是大家所熟悉的斯帕文老爹。"

大家在激动之余，又马上准备下一个乐章的演奏。这确实是一件十分罕见的事情。

当时，练习一首交响曲，跟正式演奏的时候一样，并不一定要不间断从头演奏到结尾，在各乐章之间，有休息的阶段。所以现在宏威克特管弦乐团的全体团员，马上又准备演奏第三乐章，也许他们是受到听众掌声的鼓舞，还有为了报答老朋友斯帕文的指挥吧！

"现在马上开始演奏《小步舞曲》(第三乐章)。"

斯帕文精神奕奕地说着，他忽然好像想到什么，对身旁的舒伯特说：

"你还能够撑住吧，舒伯特？你可是首席，而且又要站着拉琴，会不会太累？"

"别担心，一点也不累。这个乐章是我最喜欢的，而且又是老爹担任指挥。"

"得了吧！我认为这个乐团比之前有了进步，可能是由于你的努力。"

"千万别这么说，老爹。好的，我们马上开始吧！"

舒伯特拿着琴弓，做出准备拉琴的姿态。

斯帕文环视了一下整个乐团之后，就开始挥起指挥弓。于是，第三乐章开始演奏了。这首《G小调交响曲》与当初的同调作品不同，是莫扎特晚年所作，曲中尽是哀愁。第一乐章和第二乐章的演奏共需80多分钟，可是第三乐章的《小步舞曲》只花费10分钟左右。

舒伯特最喜欢的就是这个颇具民谣风味和哀愁气氛的

乐章,第三乐章演奏结束之后,紧接着就进入第四乐章的"很快的快板",热情的节奏再度出现。第四乐章没用多长时间,之后,他们完成了全曲的演奏。

这时候,窗外又传来热烈的鼓掌声。的确,对于一个学校附属的管弦乐团来说,这次是非常成功的演奏。斯帕文、舒伯特和全体团员似乎都很兴奋和激动。斯帕文说:

"这让我想起了一件事,舒伯特,你之前曾经说过,你十分喜欢这首曲子中的《小步舞曲》部分,这是为什么?到底好在什么地方?"

"我根本就不知道原因啊,老爹,我就这么钟爱它而已。"

"也是!音乐本来就是如此。可是,你可以用言语表达出你的感受吗?"

"这个很不好说。但是这首《小步舞曲》,尤其是三重奏的地方,当我自己拉奏这部分的时候,有一种好像天使就在我的身旁,和我一起歌唱的感觉。"

"原来是这么个感觉啊!"

斯帕文似乎很佩服舒伯特,他满意地点着头。后来,舒伯特的这句"与天使一同歌唱",成为了名言。

就这样,斯帕文携带着最完美的回忆高高兴兴地离开了维也纳。

厌恶学校

在第一学期成绩单的备注栏当中被注明"颇具音乐才华"的舒伯特，到第二学期，成绩单上不仅注明了"有极丰富的音乐才能"，而且还加上了"能够十分成功地演奏难度很高的钢琴曲和小提琴曲"。除此之外，他在礼拜堂也是个杰出的童声高音。后来，在宏威克特学校中，他在音乐方面的才华超出了所有的学生，成为所有人都在谈论的对象。

1810年，也就是舒伯特13岁这一年，他几乎天天都独自一人在钢琴练习室中，不断地弹奏着一些别人从来没听过的曲子。

"这家伙到底在弹些什么曲子呢？"

学校的学生们都觉得很奇怪。不过，这也难怪。因为舒伯特是在弹奏他自己作的曲子。换句话说，他已经开始作曲了。

"这家伙真是奇怪！"

"可是，他给我的感觉还不错啊。"

"我觉得他这人很内向，只有碰到像老爹那种人的时候才合得来。"

这是舒伯特的同班同学缪勒和威瑟两个人的谈话。事实上，舒伯特虽然单独一个人作曲，但是，假如校方有属于学生节目时候，他也会和大家一起尽兴地玩乐。

一天，从钢琴室中传出任何人都熟悉的琴声和歌声。

"啊，遇到了狮子的父母，要把它们当作战争的对象……"

当这句奇怪的歌词刚结束的时候，斯帕文走进来，问道：

"这是什么曲子呢？还有奇妙的咏唱。"

不久之前，斯帕文调职回到维也纳，所以他又可以经常来宏威克特学校。

"你指的是这个吗？"

舒伯特把放在钢琴上的诗拿给斯帕文看。

"啊！原来创作背景是在沙漠当中，这也难怪了。音乐虽然很不错，可是歌词十分奇怪。这音乐听起来好像是作曲家哲姆休提克的作品。"

"老爹，你也有这种感觉吗？"

之后，舒伯特便向斯帕文表示，他想写类似哲姆休提克的作品。

现在，几乎没有人知道哲姆休提克这位作曲家，不过在当时，人们经常唱他所作的歌曲。

"我觉得，现在的作曲家当中，贝多芬是最好的。可是我连模仿他的作品都办不到。而哲姆休提克的作品是比较容易揣摩的典范。"

"你少得意了你，呵呵！但是，既然你这么说的话……"

斯帕文翻着那首诗说：

"这首诗是长诗，一共有 12 章。舒伯特，你把全篇诗都谱上曲了吗？"

"我还没有写完呢……"

"你之前是不是作了其他的曲子？"

"是的，我作了几首钢琴曲和小提琴曲。对了！还有在我们家的家庭音乐会所演奏的四重奏曲。"

斯帕文十分惊讶，这个只有十三四岁的少年，竟然能够自己作曲，而且还是如此热衷，作品还很有水准，所以斯帕文由衷地佩服他。

"请你随便演奏一首让我听听。"

"现在还不行呢，因为我的手在发抖。"

这是因为宏威克特学校的学生钢琴室，冬天没有暖气设备，所以舒伯特现在手一直在发抖。

"实在是对不起，舒伯特，我没注意到这点。这个学校实在太吝啬了，宿舍的伙食很不好，而且还有大堆麻烦的规定。我竟然能在这个地方忍受了这么久。我想，除了音乐以外这所学校的水准实在不能跟其他学校比。舒伯特，你在这里备受库那先生的器重，但仍旧要继续不断地努力，才能成为一位大音乐家。"

斯帕文鼓励着弗朗茨·舒伯特。

可是，舒伯特早已经对宏威克特学校感到厌恶了。这到底是什么原因呢？

1811 年 5 月 6 日，舒伯特回到了久别的"黑驹馆"，他流着眼泪望着母亲的遗容。56 岁的母亲突然患病，不久就去世了，15 岁的舒伯特连母亲的最后一眼都没有见到。

比母亲小 7 岁的父亲，大哥伊格纳茨，二哥费迪南德，三哥卡尔还有妹妹特丽莎，舒伯特一家人，还有亲戚和教会的霍尔泽先生、学长斯帕文等很多人，都聚集在这个悲伤的家中。霍尔泽先生望着舒伯特，对校长先生说：

"怎么样？舒伯特先生。这个时候应该可以原谅舒伯特了吧。"

站在一旁的大哥伊格纳茨也说：

"是的，爸爸，你平常不让舒伯特回家，我觉得有些不对。这次，他连妈妈的最后一眼都没见到，你应该原谅他了。"

舒伯特的二哥、三哥和妹妹，也一起要求他们的父亲一定要原谅舒伯特。父亲终于说：

"都是我不好！我处罚得太重了……舒伯特，从今往后，你可以像过去一样，每个星期日都回家来。我们大家要一起演奏你的作品，这样，你去世的妈妈也一定会高兴的。"

"谢谢爸爸！"舒伯特含着眼泪说完这句话后，又忍不住哭着伏在母亲的遗体上。看到这种场面，大家都伤心地哭了。

舒伯特为什么有一段时间被父亲禁止回家呢？这是因为，这两年来舒伯特过分热衷音乐，反而完全忽视了很多功课，而且他的数学成绩总是没有及格过。父亲为了这件事十分生气，不准舒伯特回家。之后，舒伯特就连星期日都有家回不得。

母亲去世之后，父亲原谅了舒伯特。从此以后，舒伯特能和过去一样，每逢星期日就回家一趟。之后，由父亲拉奏大提琴，大哥和二哥拉小提琴，舒伯特自己负责中提琴的部分，一家人愉快地举行家庭四重奏。这是之前舒伯特还小的时候父亲就曾有过的梦想，现在终于实现了。

比舒伯特大一岁的三哥卡尔，每到家庭演奏会的时候，就和过去一样，做一名忠实的听众。卡尔现在在绘画方面的表现越来越出色，将来很有希望成为一名画家。

这一年，除了母亲去世之外，15 岁的舒伯特也在其他方面体验到人生的无常。那就是在他这次成绩单的备注栏中，出现了"变声"两个字。从 11 岁入学以来，一直担任童声高音的舒伯特，终于到了任何孩子都会经历的变声时期。

就读于宏威克特学校的少年，除非成绩优良，不然如果变了声，就必须离开学校。因为舒伯特的数学成绩总是不理想，所以不能继续留在宏威克特学校。这也是使他的父亲生气的最大原因。

父亲这么生气也是难免的。因为很多人都知道，舒伯特的家庭非常贫困。

"你有没有办手续申请继续留校和申请奖学金？"

斯帕文又出现在宏威克特学校的钢琴室中。这个比舒伯特年长的朋友，对于舒伯特的作曲前途，抱着很大的期望。

"我们家生活困苦，我爸爸和哥哥都希望我继续留校。

所以我已经申请继续学习，可我不是很乐意。"

1821年的9月底，舒伯特已经接到了学校的退学通知。

"对了，我想起一件事。今天我买了这些东西来，给你了，你拿去用！"

斯帕文把一束五线谱纸交给舒伯特。

"谢谢，这些对我有莫大的帮助。我一点都不敢浪费，你看看……"

舒伯特从钢琴上和谱架上拿了几张五线谱纸给斯帕文看，每张纸上都写得密密麻麻，在钢琴上到处都可见到这种纸。

"十分感激你的帮助，我为你演奏一曲吧！这首曲子是我刚刚完成的。"

舒伯特说完，开始弹奏一首莫扎特形式的奏鸣曲。

"你看，我的手指又开始发抖了。"

"那么，你怎么能作曲呢？"

"这没有关系的，即便不靠钢琴，我也能听到音乐……十分抱歉，我又要作曲了。"

舒伯特马上拿起笔，在谱架上的五线谱上飞速写着音符。这是一首歌曲，舒伯特事先可能已经记住歌词了。他一边轻声地哼着，一边迅速地在纸上写下旋律。他好像迫不及待地要把自内心涌出来的灵感，完全都体现在谱纸之上。

斯帕文看到这种情形，心中非常佩服。他无意间看到钢琴上的一堆五线谱纸后面，放着德国诗人席勒的诗集。

就这样，作曲终于告一段落。舒伯特轻轻放下笔，斯帕文便问舒伯特：

"你一定喜欢席勒的诗，现在的这首是什么诗呢？"

"这首是《小溪畔的年轻人》。虽然我很喜欢席勒的诗，可我不只是为他的诗谱曲，只要我喜欢，任何人的诗都可以谱曲。"

据说在舒伯特的一生当中，为席勒的诗谱曲多达42首之多。除此之外，他也为很多诗人的诗谱过曲子。

"哦，我才想起来，我今天忘了买蜡烛回来。但是，你晚上最好不要太劳累，这样对眼睛很不好。"

"十分感谢你送给我五线谱纸和蜡烛，我不知该怎么感谢你了，我爸爸每个月只给我一点零用钱，他现在对我梦想成为音乐家的事情，似乎十分不满意。"

舒伯特露出忧郁的神情，斯帕文也许是不想让这个年轻的朋友为了一些五线谱而忧愁下去，他说：

"你一定要振作，改天我们再会！"说完他匆匆走出了学校。

拜师萨列里

舒伯特的父亲和大哥虽然都希望他继续留在宏威克特学校，可是舒伯特对于继续留在宿舍里每天过着没有趣味的生活，还有要学习音乐之外的令人头疼的科目，已经越来越感到厌烦。之前，他本应该准备补考数学的，但因为他对作曲的兴趣很浓厚，所以他的心思都放在了思考音乐之上。

一天晚上，舒伯特在宿舍中写信，信中的内容是：

> ……有时我特别想吃美味的面包和苹果，可能你也有过这种经历。特别是在你吃了不好吃的午餐的时候，而且还要再过八个半小时才能够吃得到简单的晚餐时，更会产生这种欲望。父亲寄来的几个弗罗林没过几天就花没了。之后的日子不知该怎么过了，你能不能每月给我寄几个克吕札来呢？

这是 1811 年 11 月 24 日，舒伯特写给他的二哥费迪南德的信。虽然是在 19 世纪，但每个月只有几个弗罗林的零用钱，生活必定是十分清苦了，而且克吕札也只是零钱，3 克吕札才等于 1 弗罗林。

在学校中，弗朗茨·舒伯特很早就被获准不用再参加小提琴课和钢琴课。当然，这是因为他具有音乐天才，库那先生才特别准许他去别的地方上课。后来，16 岁的舒伯特又从库那先生那里知道了一件意外的事。

"我已经没有什么东西可以教给你了，从今往后，你还是到萨列里先生那里学习比较好。我先帮你申请特别外出的许可证。"

库那先生所说的话和之前教会的霍尔泽先生对舒伯特说过的话很相像。其实，温哲尔·库那先生早就对他的朋友说过："那种孩子早就有神在教他了，我实在没有办法再教他。"

舒伯特雕像

"什么？要我直接跟萨列里先生学习？"

16岁的舒伯特十分激动，他简直不敢相信自己的耳朵。对他来说，要直接向那位入学考试时的主任委员，也就是当年大音乐家莫扎特生前的强劲对手，并且担任宫廷指挥的萨列里先生学习，实在是一件让他感到意外的事。

舒伯特想从这位鼎鼎大名的音乐家那里学一些什么呢？当然是作曲了！

萨列里先生的府邸在维也纳市中心的赛拉小巷，是一座靠近皇帝宫殿的宏伟建筑物。

舒伯特初次访问萨列里的府邸时显得很紧张。这幢房子里面有两架钢琴、各种乐器和放乐谱的柜子，以及很多豪华、漂亮的房间。舒伯特在屋内等了一会儿后，萨列里先生走出来，用意大利语对他说：

"舒伯特，你好。"

舒伯特早就知道萨列里先生是意大利人,平常不讲德语,可那时候他心慌意乱,所以被这句话吓一跳。当时在宏威克特学校的时候,舒伯特学过意大利语和法语,所以他操着生硬的意大利语说:

"能在先生这里学习音乐,是我的荣幸。"

因为舒伯特不习惯讲意大利语,而且非常紧张,所以他感到全身僵硬。

"你的意大利语不是很好,不过只要音乐方面好的话就好了。"

萨列里先生用不是很流利的德语笑着说。舒伯特红着脸低下了头,但是稍微放心了一些。

多年以来,安东尼奥·萨列里居住在维也纳,为奥国的宫廷服务。他的德语不好是出了名的,加上舒伯特又不太会讲意大利语,所以很多意大利文的乐曲都必须翻译成德文。

萨列里先生听了舒伯特的意愿之后,说道:

"现在你不能马上开始学习对位法,你先了解之前的意大利名作才是最重要的。德国最伟大的歌剧作曲家格鲁克就是因为曾经用心地学习意大利音乐,才能够如此成功。所以你就先研究这个吧!在下次见面之前,要先做好和声的分析。"

萨列里先生说完之后,就交给舒伯特一首他从来没听过名字的意大利作曲家的老作品。虽然舒伯特感到有些失落,可他在从萨列里家返回宏威克特学校的路上，仍旧很庆幸自己能够顺利地成为萨列里先生的学生。他暗暗下定决心，将来一定要成为一个大作曲家。

1812年，舒伯特的父亲再娶。成了舒伯特兄弟们继母的安娜，是一个才三十岁左右的年轻女人。跟他的丈夫比较起来，继母的年龄反而与继子伊格纳茨的年龄很接近了。安娜出生于维也纳，性格活泼开朗。自从她到来之后，舒伯特家原有的忧愁慢慢消失了，恢复了之前的热闹。安娜并不是位阴险的继母，而是一位豁达的女人。后来，她为舒伯特家又生了五个孩子。

父亲的生日就要到了，舒伯特写了一首由吉他伴奏的男声三重唱曲。这首歌的歌词也是他本人所写。这天，舒伯特担任吉他伴奏，与哥哥们一起唱着：

"在这个庆祝日，竖琴，你应该好好弹奏！"

"祝我们的父亲长寿！"

"希望父亲的幸福能够久长！"

听了这样的三重唱，50岁的父亲和继母安娜感动得泪流满面。

虽然在家里又重新找到了之前的快乐，可是在学校里，舒伯特对于音乐之外的事情越来越不感兴趣了。他很久之前就曾经向学校申请继续留校，直到最近才获得了批准。不过之后舒伯特还是自动离开了宏威克特学校，他告别了生活了五年的宿舍，回到了家中。

为什么要自动退学呢？

连舒伯特最亲密的朋友斯帕文都不明白其中原因。但据说，他曾向某位朋友说：

"准许继续留校的条件就是先要补考数学，数学及格之后才能留在学校。我是无论如何都不能忍受了。因为考完数学之后，我就从来没有再念数学。所以即使补考，也不可能拿到高分。"

舒伯特之前一直说，宿舍好像监狱一样。再说，他现在已经是萨列里的学生，所以也用不着再留在宏威克特学校了。

舒伯特的退学绝对不是校长的意思。校长因为他的事也做了很大的努力。舒伯特本人也很感激校长的好意。12月28日当校长生日的时候，舒伯特还为他写了一首交响曲。

16岁的年龄就能够谱出生平第一首交响曲，舒伯特的才华可想而知。但是还是很多人不明白，舒伯特为什么会离开宏威克特学校。

那个时代的社会，竟然没有办法顾及一个16岁的天才少年。因为那时候拿破仑远征俄国失败，英国又联合欧洲各国进军法国，大败法军于莱比锡，欧洲的局势再度陷入纷乱之中。

父亲对已经回到家中的舒伯特说：

"现在就是拿破仑失败了，社会也不会马上恢复平静。在德国西部，联军仍然继续和法国军队开战，所以每一个国家的兵源越来越紧张了。弗朗茨，你是1月出生的，过了年就满17岁了。根据奥地利的新法律，男孩子年满17岁必须去当兵，一直到30岁才能够退役。这件事你应该是知道的。"聪明的舒伯特没有等到父亲说完，就马上明白了他的意思。

"那我也想跟爸爸一样，当学校的老师。"

这是因为那时候的奥地利政府缺少教师，所以如果当了学校老师的话，就可以不必当兵了。

"弗朗茨，你还没有当老师的资格。不过，最近圣安娜师范学校要举办师资培养的讲习了，你去参加考试，怎么样？"

"就这么决定吧！我已经离开了宏威克特学校，可以去任何能够继续学习的地方。"

就这样，舒伯特马上答应父亲前去参加圣安娜师范学校的旁听生考试。后来，他考试及格了，成了师范学校的旁听生。这对之前还住在宏威克特学校宿舍里的舒伯特来说，是一件让他不敢相信的事情。就连斯帕文也惊讶地说：

"你一边去师范学校，一边在家里学习吗？你已经开始了？真是太意外了！"

因为他家本来也是小学，所以舒伯特能够在家中学习。不过，舒伯特的这个师资培养的讲习一共只有10个月。

爱情与灵感

庆祝

现在，舒伯特的父亲、哥哥、继母安娜，以及妹妹特丽莎，都围坐在晚餐的餐桌上，热闹非凡。

"你的宗教的等级是'丙'，你说你怎么能作弥撒曲呢？"

三哥卡尔善意地跟舒伯特开玩笑，大家也都跟着大笑说：

"就让我们再为'丙'先生干一杯！"

这时候，全家人共同举起了酒杯。连13岁的妹妹特丽莎也举起了类似玩具一样的小葡萄酒杯，碰了一下舒伯特的啤酒杯说：

"弗朗茨哥哥，恭喜你。"

很多人都在奇怪，黑驹小学内的舒伯特一家今天晚上为了什么事而庆祝呢？

原来是17岁的舒伯特顺利地结束了圣安娜师范学校的师资培养讲习班，取得了助理教师的资格。在他的结业成绩中，有一半的科目得到"甲"，其他科目（包括舒伯特所不喜欢的数学）得到了"乙"，可不知道为了什么，只有宗教这一科拿到"丙"。

"你们不要这么说，本来宗教也包括了两个科目的，其中一科是'乙'的。"舒伯特很羞怯地苦笑着说。

其实，本来在成绩单上两个宗教科目当中，"理论"这一科确实是乙等，只有"实际知识"那一科才是丙等。圣安娜师范学校是一所十分严格的学校，所以，舒伯特的成绩仍然算是非常优秀的。

时间飞逝，转眼已是1814年的8月了。

"从现在开始，你就是一名正式的公务员了。你取得了国家正式助理教师的资格，而且服务的地方也已经决定了。"舒伯特的父亲说。

"但我对咱们学校里那些调皮捣蛋的学生实在是头疼，而且薪水也少。"

舒伯特表现出了忧伤的神情。前一段时间舒伯特在自己家中的黑驹小学实习，从秋季开始，要正式为父亲的这所小学服务。可是，薪水也只有3.3弗罗林。而且，由于学生们都是附近穷人家的子弟，素质比较低，大部分都是调皮捣蛋的孩子。

"舒伯特，千万别这么说，你爸爸和哥哥还不是很长时间都在忍耐着吗？你已经是一个正式的教师，可以在社会上独立了。所以，你迟早要娶个太太，你是不是已经有女朋友了？"继母安娜巧妙地转变了话题。

年轻的舒伯特在实习教学的时候，经常为了这些顽皮的孩子的恶作剧而伤透脑筋。即使是这样，他对学生指导和检查都很有耐心与爱心。这种情况，继母安娜是很清楚的。平时在家中，一旦气氛稍微不好，这位很懂得处理世事的继母就会马上把这种沉闷的气氛化解开。

到了现在，舒伯特被母亲问到有关女朋友的事情，他的脸立刻红得发烫。这时候，窗外忽然吹进来一阵风，把舒伯特身旁的一根蜡烛吹灭了。

"弗朗茨，实在是太巧了，蜡烛灭了。"

二哥费迪南德一边用木板围着新式的烛台点火，一边取笑舒伯特道：

"看看，你的脸还红着呢。"

"那是因为我啤酒喝多了。"舒伯特被取笑得有些不悦地说。

这时候父亲也转移话题说：

"你的《弥撒曲》完成了吗？我很久没有见到霍尔泽先生了，前两天碰到他，他问我你现在的情况。"

"我上个月就完成了。虽然我没有宗教上的'实际知识'，但是照样也可以写《弥撒曲》。"

"我们天才的弗朗茨万岁！"大哥伊格纳茨明显是喝醉了，他兴奋地把啤酒杯举得很高，拼命呼喊着。这个时候，聚会再次有了一种庆功会的氛围。

特丽莎

开完庆祝会之后的两个月，也就是 10 月 16 日，维也纳北郊的里希田塔尔教会热闹非凡。这一天，教会里座无虚席，没有座位的人也都挤在外边等待着。原来这是因为教会在这一天，将要举行创立 100 周年的弥撒大典。

但这样的盛况并不只是因为这件事，而是因为从这个教会出身的弗朗茨·舒伯特，年仅 17 岁就写成了的《弥撒曲 F 大调》，就在这一天演奏。所以教区内的人们和宏威克特学校、圣安娜师范学校中的朋友们，还有附近的许多人都赶到了这座教堂。

就在即将演出之前，有一个听众因为第一次见到舒伯特，他不敢相信自己的眼睛，他说：

"难道那个人就是作曲家兼指挥？他实在是太年轻了！"

就在这时候，在舒伯特的指挥下，这首曲子由第一段的"怜悯我"开始演奏了。因为这是一首弥撒曲，所以以下必须按照顺序，又分为"荣光""我相信"等片段。曲子刚开始演奏的时候，就有很多听众激动地说：

"这真是太美妙了！"

当曲子结束的时候，神甫开始朗读《使徒书简》。很多人不顾神甫的朗读，轻声地赞美乐曲的美妙。

"这曲子实在是太美妙了，它让我感到新鲜、有朝气而富有感情。"

"是啊，真是不错！霍尔泽先生也在他学生的总指挥下，担任合唱指挥的工作！刚才的合唱也很不错，声音美妙而严肃。"

"管弦乐团也演奏得相当好，尤其风琴弹得更棒。乐曲和演奏两方面都很好。"

"那个弹风琴的人是舒伯特的二哥。女高音独唱也很棒！"

"嗯！我也很佩服那个女孩，她的歌声真是天籁之音！但是，她长得有些不好看。"

"别这么说……"这时，有人打断他们的谈话，这些正在谈话的男女忽然静了下来。正如他们所说，这天，在舒伯特的总指挥下，霍尔泽先生负责指挥合唱团，二哥费迪南德弹奏风琴，除此之外，由一位歌声美妙的16岁少女特丽莎·葛罗伯担任女高音的独唱。

面对这些赞美和夸耀，舒伯特好像早就达到了忘我的境界。开始唱第一段"怜悯我"的时候，与舒伯特的妹妹同名的特丽莎，用她美妙的声音让全场的听众都为之倾倒。而且，在唱第二段"荣光"时，特丽莎、乐团、合唱团和风琴配合，成功地表达出看见神的荣光时的欢喜和感动之情。对于这些，舒伯特都可以感受得到，但他仍祈求演奏能够顺利进行下去。

舒伯特好像一直都很紧张。等到福音书的朗读结束后，舒伯特又把手往下挥，于是再度开始演奏，把"我相信"的那一段音乐美妙、高尚地表达出来。最后的一段"神的小羊"也在成功的乐声中结束。

"什么？萨列里先生也来了？在哪里？"

弥撒结束之后，人们都大受感动。当大家正在夸奖作曲者和演奏时，被朋友们围住的舒伯特听到这个消息，忽然诧异地叫了起来。这位在维也纳音乐界的前辈，同时在宫廷中也很有势力的萨列里先生，为了他新弟子的首次演奏，特地赶到这里，实在是出乎舒伯特意料。

"快看，就是那里！他正在和霍尔泽先生谈话呢。"

舒伯特立刻走向萨列里先生，深深地向他鞠躬致谢。萨列里老师和平常一样，用意大利语说：

"很不错哦！舒伯特，我以有你这样的学生感到骄傲，霍尔泽先生，你也有同感吧！由于你正确的指导，他才会有这种成果。"

萨列里先生十分高兴，他平常很少像这样夸奖自己的学生，而且也从来没有对教会的合唱指挥者表示过敬意。所以霍尔泽先生听了，也非常高兴、谦虚地说：

"其实我哪里有什么功劳呢！还要拜托先生继续教导他。"

"这么一来，10天之后，我们就可以放心地在帝室教会演奏这首弥撒曲了。库那今天不能来，实在是非常遗憾。但是我已经替他听了，保证一定不会有问题。虽然库那先生曾经暗中拜托我，可如果让宫廷里的人听了差劲的音乐，那我就必须负责了。"

萨列里说话的口气，带着很强烈的幽默感和人情味。他又接着说：

"可是，霍尔泽先生，这里毕竟和宫廷里不一样，不能让女孩子唱歌。今天唱女高音的女孩虽然唱得相当好，可惜在帝室教会内，必须由少年担任女高音独唱的部分。"

"萨列里先生，假如舒伯特的声音保持得像之前那么好，今天他就能唱自己所作的曲子了。"

"不，当然不能这样！"萨列里打断了霍尔泽的话，笑着问：

"舒伯特，你的声音现在变成什么样子了？"

"这个连我自己都不知道，或许是男高音或男中音吧。"舒伯特小声地回答。

从那会儿开始，他就一直站在两个老师的身旁，默默地听他们交谈。现在，舒伯特再也不是歌手了。他的首次公开演奏的作品获得了好评，10 天之后还要前往帝室教会演奏。17 岁的舒伯特内心感到无比的兴奋和骄傲。

弥撒结束后没多长时间，舒伯特和他的三个朋友一起在离教会不远的一个小酒店内喝啤酒。

三个朋友当中，两个人是舒伯特在宏威克特学校时认识的朋友，也就是现任公务员但非常爱好文学的普弗塔，以及会演奏大提琴的歌手霍查弗尔，还有一个就是诗人梅尔豪费尔，这个人是舒伯特最近才结交的新朋友。

诗人梅尔豪费尔十分愉快地讲述着前几天发生的事。原来，在 10 月 7 日，舒伯特看到梅尔豪费尔一首叫做《湖畔》的诗，感觉很不错，他马上就为这首诗谱曲。随后，他亲自拿着这首曲子，去拜访梅尔豪费尔，并当场唱给这位诗人听。

"舒伯特就是这种人，他会忽然产生灵感，而且灵感又马上会化成音乐，实在是个天才！"公务员普弗塔和歌手霍查弗尔假装生气地说。

他们二人与舒伯特的关系一直很不错。对于舒伯特今天初演的成功他们也很激动，于是，马上为他举起庆祝的酒杯。

除了老爹斯帕文之外，舒伯特什么时候忽然有了这三位朋友呢？虽然舒伯特性格很内向，可有时候他也能和朋友们愉快地相处。

"快看！刚才唱女高音的女孩在那里。"诗人梅尔豪费尔看到窗外的特丽莎。

"是吗？是吗？"舒伯特马上向窗外看，并伸直着身子一直注视着外面。

刚才在弥撒曲的演奏中，曾唱出美妙歌声的特丽莎·葛罗伯正和她的母亲沿着小酒店旁的马路走过来。

"我们也来敬特丽莎一杯吧！"

歌手霍查弗尔说完后，诗人便问他道：

"什么？你认识那女孩吗？"

"是啊！她叫做特丽莎·葛罗伯，今年 16 岁，她母亲是寡妇，开了一家绢布店。她哥哥是业余的大提琴好手。"公务员普弗塔从旁插嘴。

普弗塔和霍查弗尔两个人之前曾经去黑驹小学玩，他们也经由家庭音乐会和教会，认识了舒伯特的邻居——葛罗伯一家人。

他们正在谈论的时候，特丽莎·葛罗伯已经走到酒店的面前，普弗塔把头探出窗外，大声叫着："特丽莎！"特丽莎听到有人叫她，吓了一跳。她母亲对普弗塔说："这可使不得！年轻女孩不可以独自一个人到男人们的地方。现在，我们必须赶回家去。"

"但是阿姨，舒伯特在这里，让特丽莎发挥美妙歌喉的作曲家舒伯特就在这里呢！"

听到普弗塔这么一说，葛罗伯太太想了一下后说：

"那么，特丽莎，你不要在这儿待太久。"然后，她对酒店内的舒伯特说："舒伯特，一会儿你送特丽莎回家好吗？"

"那是当然的！"

特丽莎害羞地走入酒店，走到了舒伯特等人的桌子旁。

于是，公务员、歌手、诗人，当然也包括作曲家在内，再一次大大地夸奖特丽莎今天的表现。当他们要特丽莎喝啤酒时，她说：

"妈妈说，假如是葡萄酒，可以喝一点。"

"喂！服务员，拿葡萄酒来！"

舒伯特忽然大声喊叫着，他的这种表现和平时不太一样，可能是见到特丽莎而感到高兴的原因。

由于这位年轻女孩子的加入，这四个青年似乎越说越有劲了。

"特丽莎，你的音域相当宽广，你能唱到哪一个高音呢？"

歌手霍查弗尔忽然问了这句话。于是，舒伯特代替特丽莎回答：

"这个我早就知道了，她可以唱到 D 音。"

"你真是多嘴啊，我们又没问你！"

这次是公务员普弗塔打断舒伯特的话，看起来，他好像很愉快，也有点醉了。

"特丽莎，你喜欢歌德吗？"

诗人梅尔豪费尔用很亲切的口气问。

"是的！我特别喜欢。我觉得他是位伟大的人物。"

"很伟大！但是你也伟大，特丽莎。但是舒伯特比较喜欢席勒。"

"完全没有这回事！你们都知道的，我现在已经在看《浮士德》了。"舒伯特认真地抗议着。

"对你来说的话，《浮士德》还是相当难。"

"这怎么可能！"舒伯特叫道。

普弗塔立刻说：

"我说你们两个别吵了，拿破仑已经被放逐了，现在世界已经和平了。欧洲的和平万岁！维也纳会议万岁！"

说完之后，他们又举起酒杯。虽然，他们互骂对方是"蠢货"，但仍愉快地笑着举杯庆祝，特丽莎也举起了她的葡萄酒杯。过了一会儿，舒伯特说：

"特丽莎，你母亲可能会担心，该送你回家了。"

"是的，那么，我要先走了，谢谢大家。"

特丽莎和舒伯特走出了酒店。三位还留在酒店的朋友中，今天刚认识特丽莎的诗人梅尔豪费尔说：

"她是个好女孩，生性温柔率真，而且还很年轻。但是，这儿稍微差了一点……"他用手指着自己的脸。

"千万别这么说，舒伯特根本不在乎她的长相，而是被她美妙的歌声而吸引，这样就好。"普弗塔接着说。

"是的，没错。"霍查弗尔也表示同意。

这时候，梅尔豪费尔马上露出了十分难为情的表情，道歉说：

"实在是对不起，我明白了！"

沉浸在爱河中

特丽莎·葛罗伯已经 16 岁了。她的歌声十分美妙，而且生性温柔，可由于小时候患过天花，脸上长了一些麻子。可是对舒伯特来说，这些麻子看起来像是一些可爱的小酒窝。

这时候，舒伯特和特丽莎走在回家的路上，他边走边对特丽莎说：

"特丽莎，我觉得你很像格丽卿或是绿蒂。"

特丽莎仔细聆听他说的话，顿时红了脸说：

"讨厌！舒伯特，你今天是不是酒喝得太多了？"

格丽卿是《浮士德》中的女主角，绿蒂是《少年维特之烦恼》中的女主角，这两本书都是歌德的名著。在那个年代，《少年维特之烦恼》大受欢迎，连拿破仑将军也在看了这本书的法文翻译本后大为赞叹。于是，书中年轻而性情温柔的女主角绿蒂成了当时青年们的偶像。

虽然特丽莎嘴里说"讨厌"，但她心里不但不生气，还感到高兴和难为情。她这种表现，在喝了酒的舒伯特眼里，是十分清楚的。

"特丽莎，我不打算永远当助理教师，现在我虽然很穷，但将来假如我作的曲子卖得出去，生活环境就会好转。对了！特丽莎，今天我爸爸特别高兴，弥撒结束之后，他很爽快地答应我说：'弗朗茨，我要买一架钢琴给你。'他向来很节省，这真是不简单！钢琴送来以后，我一定要更加努力，继续写出好曲子。"

"舒伯特，你真是太棒了！你要加油！我真是为你高兴。我光是听到你说这些话，就非常高兴了。"

特丽莎害羞似的红着脸，过一会儿，好像流了一些眼泪。

他们二人不用靠言语，就能够了解对方的心意，他们已经开始沉浸在爱河中了。

"啊！我的哥哥在那里！"

特丽莎轻声地叫着，然后忽然离开了舒伯特的身边。因为，她看到她的哥哥海因利希站在路边。海因利希在很早以前就加入了舒伯特家的家庭演奏会，是一位钢琴、小提琴、大提琴都弹奏得很好的音乐爱好者。

"舒伯特，你真是太棒了。今天演奏的弥撒曲，到处受到好评。"

"真是这样的话，也一定是沾了特丽莎女高音的光。"

"别这么说！你这么一夸，我妹妹会得意忘形的。"

"哥哥最坏了！"

特丽莎觉得很不好意思，便和她哥哥一起离去。

10月19日下午，黑驹小学刚放学后不久，从学校里传出了节奏轻快的钢琴声。

"舒伯特又开始弹钢琴了。"

"他的新钢琴刚送到，他一定高兴得不得了！"

舒伯特的父亲和年轻的继母安娜微笑着谈论着。这时候17岁的舒伯特正在利用新钢琴作曲。他一边小声地唱着《浮士德》中格丽卿所写的诗，一边用右手仔细地弹着16分音符，左手弹着顿音的节奏。他所弹出的节奏好像正在旋转的纺车。舒伯特把《浮士德》中年轻的小姑娘格丽卿一边纺织一边想着爱人的心情，用歌曲表达出来：

"我内心的安慰消失了，我心沉重，我可能再也得不到安慰了。"

舒伯特一边唱着一边弹钢琴，然后立刻把音符记在五线谱上。随后，他又继续唱着歌、弹着琴，一直反复这种情形，好像缪斯附在他身上一般。过了一会儿，他的五线谱纸就写满了音符。

"哦！那亲吻！"

忽然，右手不停弹着的纺车音乐，被一个强烈的和弦中断了。舒伯特一边唱着，一边把嘴巴撅起做出接吻的姿势。然后，他又立刻把刚才唱出的部分记在五线谱纸上。他的动作很快，迫不及待地把从他脑海中涌出的音乐，写在五线谱上。他又继续唱着：

"我内心的安慰……"唱到这个地方的时候，舒伯特只说了一句"反复"，就继续唱下面的部分，同时，仍然继续弹奏下去。等到再度出现"我内心的安慰……"时，忽然在一个D小调和弦的纺车声中停顿下来，这首曲子已经结束了。

这首叫《纺车旁的格丽卿》的歌，是叙述格丽卿因思念离她而去的爱人而心生苦恼，把她的这种烦闷、无奈的心情表达出来的歌曲。这是一首成功的根据原诗的意思，以音乐表现出来的名曲。

舒伯特作完这首曲子后，再度对着钢琴轻声且带着感情地唱着："我内心的安慰……"同时一边弹着钢琴。他把曲子又弹奏一遍，他的手只有两三次离开过键盘，在谱上稍作修改。

完成作品之后，再度作修正，是舒伯特作曲时的习惯。

"好了，这样就可以了。"

舒伯特貌似很满意的样子，他在乐谱的最上方写上了《纺车旁的格丽卿》，然后署名"弗朗茨·舒伯特"。他写一首曲子所花的时间实在很短。

"特丽莎！特丽莎！……"

舒伯特轻声呼唤着她的名字。他本来想在乐谱上写明这首曲子要献给"亲爱的特丽莎"，但后来他并没有这么做。因为这首歌曲和诗都是在表达少女怀念失去了爱人的心情，所以他不敢把这首曲子题献给特丽莎·葛罗伯。这首歌曲直到现在仍被视为杰作，非常有名的《纺车旁的格丽卿》，竟然是 17 岁的舒伯特花了极短的时间就写出来的。这可能因为当时他心中思念着特丽莎，所以才能这么快就完成吧！

这时，舒伯特又好像叹息般地轻声叫着：

"特丽莎！……特丽莎！……"

"怎么感觉有一种奇怪的声音呼唤我呢？"

这时候，走进房间的不是葛罗伯家的特丽莎，而是舒伯特的妹妹，今年 13 岁的特丽莎。

特丽莎对着吃惊地转过头来的舒伯特说：

"喝茶的时间到了，大家正在等着你呢！"

"是吗？你没有敲门，怎么可以随便进来呢？真没礼貌！"

"真是讨厌！你难道忘了这扇门早就坏了吗？就在上次钢琴搬进来的时候。"

"啊，对了，我想起来了。"

舒伯特忽然站了起来，拿起擦钢琴的布，走到了钢琴的旁边，用怜惜的表情看着钢琴上的刮痕，并轻轻地擦拭着它。

新钢琴搬到这个房间时，乐器行的搬运工人不小心把钢琴晃动了一下，结果钢琴碰撞到了门框，出现了一道刮痕。舒伯特一家因为这件事都十分生气，因为这是乐器行的疏忽，所以他们扣减了一些售价。不过还好，钢琴的内部没有受到影响。

"我帮你擦键吧！"

妹妹特丽莎用另一块布开始擦拭琴键。这架钢琴只有 5 个八度音程，60 个琴键，跟现在的 88 键钢琴比起来，算是很小了。可这对于舒伯特一家人来说，已经是一件花费相当大的贵重物品。所以，这架钢琴自然是一件令人重视的宝贝。

诗人的劝诫

"你说什么？拿破仑逃出了厄尔巴岛？"

"对！他现在已经逃到巴黎了，听说现在轮到路易十八逃亡了。"

"维也纳会议从去年 9 月开始，已经开了半年，到底各国代表们在说些什么呢？这次的'德意志联邦'组成，奥地利又成了联邦的主角。可是这种联邦究竟能维持多久呢？"

1815 年的 3 月末，拿破仑逃离厄尔巴岛，这更让战争的氛围越来越浓厚，欧洲的局势也呈现出动荡不安的状况。

不过，这次的战争只弥漫于距离维也纳很远的比利时，因此，维也纳市民仍处于安全之中。

"不要再出现战争的局面了！"

"是啊，那会让人想起炮弹落在宏威克特学校时所发出的巨响。"

舒伯特和斯帕文两个人正谈论着之前维也纳受到攻击时的情形。当年 12 岁的少年舒伯特，如今已成了 18 岁的青年教师。而且在舒伯特的朋友眼中，他已经是一位很出名的新进作曲家了。

这年的秋天，黑驹小学开始下学期时，舒伯特和过去一样，在自己负责的一年级班上说：

"门是这样开的。'开'这个字有及物、不及物的用法。及物的说法如'人开了门'，那么不及物的说法如'门'应该怎么说呢？我再说一次，'人开了门'，那么应该怎么说呢？有没有人知道？"

这时候，两三只小手有力地举起。

"克劳斯！"

舒伯特指名之后，学生克劳斯站起来大声地说：

"门被开了。"

"什么？'门被开了'？……这种说法好像有点不妥，还有没有别的回答？"

过了一会儿，又有人举手打算回答。

"菲力兹！"

"门开了。"

"对！对！这样说就对了！人开了门，所以门开了。刚才克劳斯说的门被开了是被动用法。"

舒伯特说到这里，想到对象是一年级的孩子，所以改变了说明的方法：

"'开了'就是人开门的意思。那么现在假如说'用人的手开门'，应该怎么回答？"

有几个学生又举起手来想回答问题。

舒伯特点名说："威尔赫姆姆！"

"门被打开了。"

"回答得很正确！'开'的被动就是'被开'。这么回答就对了。"

舒伯特说完了之后，他心里又开始犯嘀咕：一年级的学生到底懂不懂什么叫"被动"呢？

负责教导低年级的助理教师舒伯特深深感到教低年级学生的困难。

"从现在开始，我要把你们昨天听写的诗发还给你们，自己要仔细看有什么错误。"

舒伯特把改好的答案发还学生们后，又说：

"你们知道这首《野玫瑰》的诗是谁作的？"

又有很多的小手有力地举起。

"这一次……格鲁克，你说吧！"

"是歌德作的。"

"回答得很好！对，这是一首好诗，是大诗人歌德所作。这虽然是一首长诗，却是一则有趣的故事。字拼错的地方，老师已经用红笔改过了，你们要仔细地看，将来不要再写错了！……你们看看桌上的玫瑰。这朵玫瑰是老师前天在郊外摘的，这季节很难得看到这种野玫瑰，所以我才把它带回来。虽然，现在已经开始凋谢……"

舒伯特手指着插在讲桌上小花瓶内的红色野玫瑰，心里不由得想起前天下午与特丽莎·葛罗伯一起在郊外散步的情景。他们之间已经开始谈到将来结婚的事了。

"老师！'像早晨般美丽'这句话是什么意思呢？"

突然有一个学生发问，舒伯特心中虽然有一些慌乱，但脑海中又浮出了特丽莎的淳朴和年轻，便说：

"因为早晨的空气新鲜，使人感到清爽，这种新鲜和清爽，就是所谓的早晨的美丽。这纯粹是一种感觉，不太容易说明。"

舒伯特瞬间觉得自己出了一些冷汗，随后他马上改变了话题："假如我们愉快地念这首诗，自然就会变成一首歌。昨天，老师念这首诗让你们听写的时候，想到了配合这首诗的音乐，就是这首曲子。"

于是，舒伯特开始写出一系列数字的简谱。因为这间教室不是音乐教室，黑板上没有五线谱，所以只好用数字代表音符。原曲是四分之二拍，但为了使儿童们容易了解，舒伯特就暂时改写成四分之四拍。舒伯特一边写着，也一边轻声地唱着：

"少年看见红玫瑰……"

这就是家喻户晓的《野玫瑰》的歌词。这首歌的歌词现在已被译成多种文字。

舒伯特在黑板上写完了简谱后，就在简谱的下端填上了歌词。当他再次唱时，教室里的学生们也跟着老师的声音，一起唱了起来。悠扬的歌声在教室内回荡着。

下课的铃声响了。舒伯特被叫到校长办公室。

"舒伯特，刚才的歌声是怎么回事呢？并不是上音乐课嘛！"

父亲在教师休息室中生气地问着舒伯特。

"因为是上国语课（德语），在练习动词的用法时，把歌德的《野玫瑰》当作教材。"

18岁的舒伯特有些不好意思地为自己辩白，但心里却想："这下子坏了！"他又想起了像克劳斯、菲力兹、威尔赫姆姆、格鲁克及其他很多平时很顽皮的学生，一起愉快地唱着《野玫瑰》的情形，不由得笑了。所以他觉得，使用这种教法也不错。

舒伯特的雕塑

舒伯特的身上充满着音乐的气息，所以只要是他认为的好诗，他会马上变为音乐。就好像画家看到一场好景，就会马上把它想象成一幅画一样。

像《野玫瑰》那种有民谣风味的诗，本就应该是让人朗诵并唱出声来的歌。刚才，别的老师在他的隔壁教室教算术，所以可以清楚地听到《野玫瑰》的旋律，确实很好。他很羡慕舒伯特，像他这种教学法，一定会收到相当好的效果。

"但是，那是上国语课的时间，不是上音乐课！"

父亲仍然露出不满的表情。事实上，从去年开始，弗朗茨·舒伯特作曲的欲望和灵感就一发不可收拾了。

当然，舒伯特不只是谱出歌谣般的歌曲，他还写了弦乐四重奏曲、钢琴奏鸣曲、歌剧、弥撒曲等，以及各种器乐曲和声乐曲。

由于弗朗茨·舒伯特是这么一个人，所以不仅在上德语课时会发生这种事，连上算术课时也是如此。当他向学生们说到"6 加 8 等于多少"的时候，也会不知不觉地用手指轻轻地敲打着桌子的一侧，拍打出八分之六拍子的音乐节奏。这种情形在他的课堂并不稀罕。

父亲虽然嘴里表示不满，但内心却对舒伯特的才能感到十分得意。

舒伯特背着乐谱袋，在诺斯多弗街上朝南快步地走着。

"舒伯特，你要去哪里？"

从市场购物回来的特丽莎·葛罗伯问道。

"实在是对不起！我现在要到萨列里先生那里去。"

"对了！你今天要上萨列里先生的课，课程一定很有趣吧。"

"说真的，不是很有趣。分析意大利的老乐曲实在令人厌烦。不过，最近已开始研究格鲁克了。"

"比起罗德、马提斯提尼（意大利作曲家）或是格鲁克，我还是比较喜欢你的曲子。像《渔夫》《海的静寂》等，我都喜欢，尤其是《流浪者幻想曲》更是棒。"

特丽莎所说的这些曲子，都是舒伯特1815年之内的作品，歌词都是采用歌德的诗。

"我越来越喜欢歌德了，我认为他才是真正伟大的诗人。特丽莎，多亏了你！"

"你怎么这么说呢？"

特丽莎和舒伯特二人似乎都有些不好意思，他们用充满了爱意的眼光互相凝视着对方。

"对不起，现在我要赶去上课了，迟到的话，老师会不高兴的。"

"哎呀！对不起！我忘了！我也要把这个提回家。"特丽莎把购物的篮子提了起来，接着又说，"我要是晚回去，会被妈妈骂的。现在我的烹调已经有很大的进步，以后会让你们赞不绝口的。"

特丽莎说完红着脸跑开了。舒伯特面带微笑地注视着她的背影，愣了一会，这才好像忽然醒过来一般，掉头赶往萨列里先生那里去了。

在萨列里先生这里，舒伯特仍然和过去一样，还没有向他学习对位法。这一天，课程的主要内容是格鲁克的歌剧研究。虽然舒伯特很尊敬这位老师，但他总觉得不满足。上完课后，舒伯特带着有些不满的表情，从萨列里先生的府邸中走了出来。然后，他就直接前往附近维兹普陵街小巷中一幢房子内。这就是诗人梅尔豪费尔所租住的房间。

"什么？《野玫瑰》？又是歌德的诗！你最近根本不要我的诗！"

"没有这回事。我最近不是也作了《里阿尼》吗？而且也和你一起唱过。在这首歌之前，不也作了《灵魂之窗颂》吗？歌德固然不错，但你的诗也不错！"

"好了！贝多芬不错，你也不错！……今年你光是歌曲就作了不少吧？几十首了？"

"不！可能已经超过100首了，我自己也不太清楚。"

"你这家伙真吓人！"

梅尔豪费尔大为吃惊，他接着说："另外，你还写了第二、第三交响曲和两首弥撒曲。对了！你也把我的歌剧脚本谱了曲，还作了钢琴奏鸣曲，如弦乐四重奏……写了这么多，真是了不起！"

事实上，舒伯特18岁这一年，光歌曲就写了144首，并作了两首交响曲和其他各种作品。后世的人都认为他得到神助，才能有这样的成就。在舒伯特的一生中，他18岁这一年（1815 年）是创作作品最多的一年。

"你这家伙，居然连没有上演的歌剧也一口气写了两三部，我真佩服你!……音乐和诗不同，你这样写下去，五线谱纸的费用一定相当可观。"

"还好! 斯帕文老爹每隔一段时间，就会送些五线谱纸给我。当然，有时候我也自己花钱买。我每个月的薪水才 3 弗罗林，实在没有能力买那么多的五线谱纸。"

"是的! 斯帕文这个人很是慷慨，我真是欣赏他! 老爹和我一样，也是生长在乡下的人，不过，他的家境比我好。即使我替人翻译诗和希腊、拉丁文的文学，生活费用还是不够。所以，我正在考虑当公务员，现在有一个审查官的职位空缺。"

"什么? 诗人要当审查官? 禁止出售自己的作品吗? 真让人笑破肚皮!"

"笨蛋! 所以人家才会说，音乐家不懂得俗事。舒伯特，特别是你，现在还不到 20 岁，难怪会有这种想法。怎么样? 要不要抽根烟?"

"我现在不想抽。你能不能把窗户打开一下? 房间里全是烟味，真受不了!"

舒伯特几乎被呛晕了。诗人梅尔豪费尔是个特别喜欢抽烟的人，在他这间天花板很低的房里，已经充满了烟味。梅尔豪费尔出生于北奥地利，年龄比斯帕文大 1 岁，比舒伯特大 10 岁。最近他和舒伯特之间的感情越来越深厚。舒伯特从萨列里先生那里返家时，常会顺道前来这个只有租来的旧钢琴和小书橱，而且有点黑暗的房间。

"说正经的，今天要来借用你的脑筋，是为了将来的事。"

"哦！一定是和特丽莎结婚的事，我猜得没错吧！"

梅尔豪费尔一边打开窗子，一边转过头来看着舒伯特。舒伯特似乎有些心慌，他红着脸说：

"当然也是包括这件事的……"

"你怎么不快点说出来呢？是不是想和特丽莎结婚了？你和她都还太年轻，舒伯特，以你的收入还不能够养家糊口，对不对？"

"是的。但是，我不愿意继续为我父亲的学校服务了。"

舒伯特的脸色有些苍白，他露出了忧虑的表情，似乎心中有很多烦恼。他为这位诗人朋友梅尔豪费尔的灵敏反应，感到很惊讶。同时，他也想起了在几天前，他的另一个好友——喜欢文学的公务员霍查弗尔寄给他的一封信。

自从开绢织工厂的父亲去世后，特丽莎一直与母亲和哥哥一起生活。但是，葛罗伯的家境并不像舒伯特家那么穷困。这是两家不相配的原因之一。

而且，舒伯特的好友霍查弗尔，凭他那公务员的常识和喜好文学的感觉，认为现在和特丽莎·葛罗伯结婚，可能妨碍舒伯特天赋的发展。所以，几天前，他写了一封长信给舒伯特，劝他千万不要立刻结婚。

但是，舒伯特深爱着特丽莎，他不想采纳好友霍查弗尔的忠告。今天，他来拜访诗人梅尔豪费尔，就是想听听他的意见。但是在他还没有说明来意之前，就被这位诗人朋友猜中他的心思，性格内向的舒伯特，更是不敢多说了。

"舒伯特，你要结婚还太早！"

"不过，我父亲 20 岁，就和我已去世的母亲结婚了的。"

18 岁的舒伯特，面对着 28 岁的诗人梅尔豪费尔反驳着。可是，诗人说：

"你的父亲跟你不一样，你是个天才。你看看歌德和贝多芬吧！他们结婚了吗？……天才是不会考虑到世俗的家庭幸福的，你还不到 20 岁，如此年轻的时候，千万不要有这种想法。斯帕文和我已经快 30 岁了，但是我们都还没有妻子。当然，对女性的爱情是很重要的，而且你喜欢特丽莎也没有错。可是我不赞成你现在就结婚，你真得好好地考虑。"

这个诗人一本正经地说着很现实的道理，舒伯特没有办法回答，他只好安静地低下头去。

《魔王》的诞生

有一天，斯帕文和诗人梅尔豪费尔二人忽然到黑驹小学拜访舒伯特。当他们二人走近舒伯特的房间时，很清晰地听到舒伯特痛苦的声音：

"父亲！父亲！啊！终于快要抓到我了！魔王将使我非常

痛苦！"

斯帕文和梅尔豪费尔听到如此悲痛的喊声的时候，刚开始吃了一惊，后来两个人才反应过来，这一定是舒伯特以丰富的感情在朗诵诗篇。随后，舒伯特的声音又转为令人毛骨悚然的低沉语调：

"父亲发着抖，骑着马奔驰。他紧紧地抱着已经奄奄一息的儿子，好不容易到家时，才发现孩子已死在自己的怀中……"

舒伯特念完诗后，斯帕文和梅尔豪费尔走进他的房间，他们看见舒伯特手上拿着歌德的诗集，正处于非常沉醉的状态中。

"《魔王》这首诗真是太棒了，很有恐怖感！其中有父亲的声音、魔王的声音、魔王女儿们的姿态……各种声音。夜里发生的暴风雨，奔驰的马匹，最后孩子的死亡。内容太好了！请你俩稍等片刻，我现在马上要开始作曲了。"

舒伯特急忙坐在钢琴前，用右手弹了一段三连音之后就说：

"不行！调子不对！……唉！不弹钢琴了！"

于是，舒伯特开始在谱架上的五线谱纸上写下了三连音，同时，左手拿着翻开的诗集，一边小声地哼着，一边用右手很快地记下音符。

斯帕文和梅尔豪费尔二人看了这种情形，都不由得为他而赞叹。舒伯特的这架钢琴虽然是新的，但因为没有经过调音，所以他很少使用这架走音的钢琴来作曲。由于舒伯特在作曲的时候，不用弹钢琴也能感觉得出声音，所以他之前在宏威克特学校作曲时，就不需要使用乐器。他将对于诗的敏感和兴奋之情，随着轻细的歌声，直接呈现在纸上。

年纪比他大的两个朋友默默地看着他作曲时的神情，他们二人每隔一段时间，就会互相凝望，赞许地点着头。这两个朋友从头到尾一直保持沉默地看着舒伯特忙碌地作曲。由于他们不想打扰舒伯特的工作，所以连舒伯特的妹妹特丽莎端红茶进来的时候，他们也向她摇手，让她过一会儿再端进来。

舒伯特偶尔也会忽然把诗集放在钢琴上端，然后用左手弹着伴奏的和弦，在这个时候，他的右手仍然继续在五线谱上写着音符。

《魔王》这首诗是共有8节的叙事诗。

故事讲述的是，在一个深夜里，父亲抱着孩子，在暴风雨中骑马赶回家。"孩子！你怎么害怕得把脸藏起来呢？""父亲！难道你没有看到魔王吗？"父子之间，

舒伯特填曲

恐怖地一问一答。父亲虽然看不到也听不到魔王的影子和声音，但孩子却看得很清楚。后来，由于孩子越来越害怕，父亲拼命地安慰他，但自己也边说边感到害怕。

最后，孩子被父亲的眼睛所看不到的魔王的手抓住了，孩子拼命地搂着父亲，父亲也恐惧地抱着孩子，马不停蹄地赶路。但当他们终于回到家时，才发现，"孩子已经死在怀里了……"。

"已经死了。"G小调的和弦随着最后的一句话铿锵地弹奏出来。于是，舒伯特高兴地叫道：

"我终于完成了！斯帕文，让你久等了，现在要不要和我一起到宏威克特学校？梅尔豪费尔，你也一定要一起去。宏威克特学校有很多钢琴，我家的钢琴不行了！这首《魔王》一定要配合钢琴伴奏，让你们听听，我认为写得很好。"

这时候，舒伯特很激动地站了起来，斯帕文和梅尔豪费尔不约而同地对望了一眼，便说：

"好吧！我们走吧！"

于是，他们三个人马上前往宏威克特学校。

他们到了宏威克特学校后，赶往钢琴室。这时，恰巧有一位少年从钢琴室中走出来，斯帕文看到他便说：

"这不是蓝特哈廷加吗！真是很巧啊！你来唱这首曲子，这是你的学长舒伯特的杰作，而且是刚刚完成的。"

老爹斯帕文仍和过去一样，常在宏威克特学校出入，所以，他认识很多住在宿舍里的学生。14岁的少年歌手蓝特

哈廷加就是他所认识的学生之一,这位少年是很优秀的学生。斯帕文又说:

"你一定认识舒伯特学长吧?这一位是诗人梅尔豪费尔。"

舒伯特见到这位少年歌手之后,不禁回想起自己的学生时代。蓝特哈廷加很客气地向他们寒暄:

"舒伯特学长的曲子,前年曾经在帝室教会的弥撒中演唱过,是一首特别好的曲子。我到现在还记得……而且,我也记得你的面貌,你戴着眼镜……"

舒伯特听他这么说,便说:

"啊!你就是那次弥撒曲演出时唱女高音的人。现在都长得那么大了,差一点认不出你来。现在你的声音怎么样了?"

"我还没有变声。"

这个少年有些害羞地回答了舒伯特的问话。这使得舒伯特想起前年弥撒曲在里希田塔尔教会内首演时,特丽莎·葛罗伯的美妙歌声。这时,斯帕文说:

"对了!舒伯特,这首曲子一定要请库那先生来听听。蓝特哈廷加,我先把这份乐谱交给你,你先看一下。我们去请库那先生。"

斯帕文说完后,便和舒伯特、梅尔豪费尔一起前往库那的房间。

不久,库那先生便坐在钢琴室中的钢琴旁边。他先哼着这首曲子的旋律，然后用手在钢琴上试弹。

"十分不错，而且相当有独创性……这是一首很难得、很有个性的曲子。"

斯帕文在旁听了库那先生的话之后，便轻声地对作曲者舒伯特说：

"现在他所弹的地方好像有些不协调。"

诗人梅尔豪费尔也不愧是个爱好音乐的人，他说：

"我也觉得那地方确实有点怪怪的。"

库那先生弹到那地方时，也说：

"奇怪！"

然后，他把脸凑近乐谱，口里唱着："父亲！父亲！……"并重新弹奏那个"怪怪的"地方。

"降 E、F、降 G……还是音不协调！……舒伯特，这个地方是这样吗？"

"是的，没有错。"舒伯特回答。

"这真是太倒霉了！"梅尔豪费尔不客气地轻声说了一句。

"这个地方要用不协调音，才会产生伟大的效果和感受。"库那重新把这个不协调音的地方弹奏了三次之后，转过头去，以训诫的口吻对诗人梅尔豪费尔说。由于梅尔豪费尔并不太认识库那先生，所以感到有些不好意思地沉默了下来。后来，库那快到弹完这首曲子时，又说：

"请蓝特哈廷加开始唱吧，钢琴伴奏还是由你这个作曲者亲自担任。"

　　舒伯特听库那这么说，便坐到钢琴前面。舒伯特开始弹三连音时，站在他旁边的14岁少年歌手蓝特哈廷加便开始唱："黑暗的夜晚……"

　　全曲在两个和弦中结束。这时候，库那先生、斯帕文、梅尔豪费尔和担任独唱的少年歌手蓝特哈廷加，都对着作曲者舒伯特拍手叫好。

　　舒伯特站起来答礼，并对宏威克特学校的少年歌手蓝特哈廷加说："唱得很好！谢谢！"然后与他握手。这时，库那先生也从他的座位走过来感动地说：

　　"你的演奏实在是太棒了！你真是天才啊！这首《魔王》是相当不错的曲子。当我听完这首曲子之后，我想将来可能不会再有任何音乐家为歌德的这首诗谱曲了！真是太棒了！请你再弹一次，让我们再欣赏一次吧。"

　　之前，歌德的这首《魔王》已经有好几个人谱过曲了，连贝多芬也曾被这首诗的魅力所吸引而为它谱曲，不过最后还是放弃了。现在只要提起《魔王》，任何人都知道是舒伯特谱的曲。

　　"好的！我会按照您的意思再弹一次。虽然这首曲子是我自己写的，可是对于三连音的连续弹奏，我还是感到有些困难。"

　　舒伯特说完之后，再次对着钢琴开始弹奏，宏威克特学校的少年歌手蓝特哈廷加也再次用他美妙的歌声唱着。所有人听了之后，都十分激动。

《魔王》这支曲子从头到尾没有反复旋律的歌曲，这也是它具有魅力的原因之一。

计策

1816 年的 4 月，斯帕文小心翼翼地写着一封信。因为这封信不好写，所以他显得有些焦躁。他一边写着，一边对着信纸默默地念叨："我一定要写好，因为他是名满天下的大诗人——歌德。"

原来，他是在给歌德写信。

拿破仑没落之后，魏玛升格为大公国，这个国家虽然很小，但由于有着英明的国王，所以国家建设得很好。这个小国不仅在全德国著名，在全欧洲也相当有名。

早在 40 年前，魏玛公爵就已经把天才诗人歌德召入宫中，准备与他共同建立高文化水准的国家。之后，席勒也曾经被延请到魏玛，只可惜他英年早逝。现在，歌德虽然已经 67 岁，但身体仍然很硬朗，战后，他依然担任国务大臣，继续从事著述。

斯帕文终于打好了这封信的草稿，然后，他仔细地将草稿誊清。因为这封信是要写给闻名世界的大诗人歌德，所以确实花费了他不少时间。写这封信的目的是请歌德帮忙，因此他不得不花费这么大的精力去写。

　　这群欣赏舒伯特才华的朋友们早就计划将这位天才作曲家介绍给大诗人歌德，从而获得歌德的鼓励。

　　本来，舒伯特本人可以亲自将《魔王》或《野玫瑰》送给歌德，可他没有这种勇气。他的朋友们无论怎么劝说，他都不敢提笔写信给歌德。因此，提议这件事的斯帕文老爹只得仗义代笔了。

　　除了让舒伯特亲自誊写乐谱外，其他的一切事情都由斯帕文负责。目前，他刚写完给歌德的信。

　　"这家伙真是一点都不关心这件事，害得我这么辛苦！"

　　斯帕文一边抱怨，一边开始包装准备寄出去的作品。这些作品都是以歌德的诗所谱成的歌曲，包括了《纺车旁的格丽卿》《野玫瑰》《魔王》《海的静寂》《流浪者幻想曲》等，共达16首之多。

　　这时候，舒伯特正在学校里改批作业，他面带愁容地打开抽屉，把申请书的草稿拿出来，重新看了一遍内容。这是一张已经寄到距离维也纳西南约600公里远的莱巴赫市申请工作的申请书草稿。

　　为什么舒伯特想要到那么遥远的乡下市镇工作呢？原来，莱巴赫市的师范学校要设音乐科，需要一名音乐教师。这项公告就在这个月的2日刊登在报纸上的。条件是每天平均授课3个半小时，年薪为500弗罗林，是黑驹小学年薪的10倍还多。内心一直想着结婚和独立的19岁的舒伯特，十分需要这个工作。

于是，舒伯特请萨列里先生写一封推荐信，然后，把这封用意大利文写的推荐信连同申请书一起寄到莱巴赫市。这几天，舒伯特每天都在等候答复。很长时间以来，舒伯特很希望在音乐学校教书，所以他对这件事很关注。

"真是伤脑筋！不知该怎么办才好，莱巴赫市师范学校的那件事没有成功，歌德那边也丝毫没消息。"

老爹斯帕文为此似乎非常困惑。梅尔豪费尔也说：

"歌德这老家伙实在不对！我们诚心诚意寄歌曲集给他，他竟然连一句话都没回。萨列里也真是的，那封推荐信好像是勉强写的，而且信的内容也不够诚恳，舒伯特拿给我看的时候，我才知道的。"

舒贝尔说：

"诗人和学长都不必这么着急，舒伯特的年纪和我差不多，我最了解他的心情。"

舒贝尔是出生于瑞典的奥地利青年。去年，当舒伯特写《魔王》的时候，舒贝尔还是宏威克特学校法科的学生，所以他也是斯帕文的学弟，他的正式姓氏是"冯·舒贝尔"，因此，他也和斯帕文一样，有着相当好的家世，而且他的家境比斯帕文还要富裕。

曾经有一段时间，舒贝尔完全被舒伯特的音乐迷住了。不久之后，他就成了舒伯特的好朋友。

"歌德这个人会收到全德国,甚至全欧洲的诗人、音乐家、画家、艺术家和哲学家、宗教家、政治家等各种人寄去的作品、著作或信件。我想，他一定非常忙碌。"

"这也许是对的！"老爹斯帕文说。

"所以，我最讨厌法学士。老爹和舒贝尔都是笨蛋！"诗人梅尔豪费尔说着，他开始生气了。

"你这个诗人，你自己还不是因为不能靠写诗过日子，所以才当了什么审查官。为了生活，我也是要当公务员。"

舒贝尔虽然年轻，但说话毫不客气，懂得人情世故。他又接着说：

"可能是萨列里先生的推荐信写得不够有力，不过，舒伯特似乎不会介意这件事。上次，在'萨列里先生居留维也纳50周年纪念日'的庆祝会上，舒伯特把自己作词、作曲的清唱剧献给了萨列里先生，这证明舒伯特还是很尊敬他的。"

1828年6月16日晚上，在萨列里先生的府邸所举行的庆祝演奏会中，舒伯特曾将自己作词、作曲的短清唱剧，献给已经65岁的萨列里老师。

"就是从那之后，舒伯特就再也没有到萨列里先生那里上过课，这也许是他想到莱巴赫的工作没着落才不敢去的，他还真是可怜，到现在还在拿'天国门'的小学那份微薄的薪水。"诗人梅尔豪费尔说。

因为诺斯多弗街上有一间天国门教会，所以，人们把诺斯多弗街这一带称为"天国门"。舒伯特家的黑驹小学就在诺斯多弗街的巷子里，所以梅尔豪费尔称它为"天国门"的小学。

"他父亲经营的学校，那所小学的薪水实在是太少了。所以，舒伯特最近和他父亲关系处得很不好。老校长虽爱好音乐，其实也是个凡人，他如果不把他儿子的天赋换算成金钱，就根本不了解舒伯特的天赋。"斯帕文说。

诗人梅尔豪费尔接着说：

"是的！一点都不错，刚刚不久，一位著名的教授过生日，舒伯特意外地受托作曲。那一次，是他出生以来第一次获得100弗罗林。舒伯特的父亲比他本人更为得意，不停地向人夸耀这件事。"

"萨列里先生居留维也纳50周年庆祝会"的第二个月，舒伯特曾为一位政治学教授的庆生会，写了一首名叫《普罗米特斯》的伟大歌曲和一首交响曲，获得了100弗罗林的报酬。

"他应该相当激动吧！可以想象，100弗罗林是他现在年俸的两倍多。这也难怪他会想到独立和结婚的事了！"

梅尔豪费尔听到舒贝尔这么说，马上抢过话题说：

"绝对不行！这种临时收入还是不够。这一段时间，舒伯特不像之前那样常跟特丽莎见面了，而且歌德也没有回信，莱巴赫的工作也被当地人取代。所以他现在好像已经打消了结婚的念头了。说实话，我觉得自己对他也有责任，我认为继续发展他的天赋，比结婚更重要。歌德一直都没有正式结过婚，贝多芬也快50岁了，还不都是独身？当初不断劝舒伯特不要急着结婚的霍查弗尔和普弗塔，都调到别的地方去了，实在是倒霉！"

虽然，舒伯特的老朋友之中，有些已经被调到其他地方去了，可他的新朋友不断地增加。

"总的来说，舒伯特这家伙纵然是个天才，但是在处事方面他什么都不懂。我们不仅要尊重他的音乐，以后也要共同协助他、鼓励他。"

斯帕文说完之后，梅尔豪费尔和舒贝尔马上一起表示赞同。

"所以，现在我们应该先让舒伯特从一点也不像"天国门"的学校住宅当中搬到租借的房子中去。在那里，他可以自由自在地作曲，你们觉得怎么样？"

"我同意！学长，搬到我这边如何？"舒贝尔提议说。

"到这儿也可以。"诗人也这么说。

"你们都这么说，我觉得很高兴。既然这样，我就不客气地说，诗人的这个房间太窄小，假如是在舒贝尔家，还有舒贝尔的母亲和女用人可以照顾舒伯特。所以，我决定暂时让舒伯特到舒贝尔那里去！而且，舒贝尔与舒伯特的年龄比较接近。"斯帕文说道。

"好的，没问题！"舒贝尔很高兴地一口答应了下来。

可是诗人有些不情愿地说：

"舒贝尔可能马上就会被调往其他地方去了，这家伙也是个想升官的笨蛋！"

"你在说什么，说这种话！"

"行了，你们两个别吵了……"斯帕文对他们说："我很了解两位的心情，我替他感谢你们。但是现在，我应该怎么做呢？对了，我一定想出办法，帮舒伯特找一家乐谱出版社。"

这确实是个很好的提议。因为像舒伯特这种男人实在是让人无奈。去年，也许是由于他母亲分娩，他有一些十分重要的乐谱，都被临时请来的女佣当作起火的燃料，他自己竟然一点都不觉得可惜。

虽然是个天才，他脑里有着写不完的音乐，但他那些宝贵的作品就这样被烧掉，实在是太可惜了！

1816年，舒伯特的创造力仍然很强盛，仅仅在这一年当中，他就写了100多首歌曲、2首交响曲以及一些弦乐四重奏曲、钢琴奏鸣曲、小提琴协奏曲和宗教音乐等。

在器乐曲方面，舒伯特写了C小调的第四交响曲，而且在声乐曲方面，他为歌德的诗谱写了《竖琴之歌》，并且谱写了《流浪者》等等。不过后来，舒伯特将第四交响曲命名为《悲剧》，也把歌曲《流浪者》改编成《流浪者幻想曲》。这种做法也许是暗喻了自己的本性和命运。

直到1816年的秋天，舒伯特终于决定了搬到好友舒贝尔家与他一起住。

弗格尔

"真是头疼！我们已经尽最大的努力了，为什么会这样呢？"

斯帕文对上次写信给歌德和这次与出版商交涉均告失败的事情，感到羞愧。

"不用担心了，老爹，像弗朗茨·舒伯特这种再普通不过的名字，哪里都有的，一点都不新鲜。我的父亲不是也叫弗朗茨·舒伯特吗？"

20岁的舒伯特在旁边安慰斯帕文。就在这时候，舒贝尔突然笑着说：

"幸好，这个和你同名同姓的人，竟然也是一位音乐家，真是巧得惊人呢！难怪话越说越不清楚。"

"你这个家伙！现在是开玩笑的时候吗！你这家伙一点都不了解我的心情！"斯帕文又气又恼。

原来，斯帕文想替舒伯特发表作品，便到维也纳的很多家音乐出版社交涉。可是，由于作曲者太年轻，又没有什么名气，所以，没有一家音乐出版社肯接受。

于是，斯帕文鼓起勇气，把《魔王》的乐谱寄到德国中部莱比锡一家非常有名的布赖特科普夫与哈特尔第音乐出版社，请他们答应出版这本乐谱。这家音乐出版社相当有名，是任何一位音乐家都知道的大出版社。

没想到的是，当时在距离莱比锡市不远的德累斯顿市，住着一位名字也叫弗朗茨·舒伯特的50岁的作曲家，这个人在地方上有那么一点名气，所以，布赖特科普夫与哈特尔第音乐出版社以为，这首《魔王》的作曲者就是这位50岁的舒伯特，而寄了一封查询的信函给他。

这位德累斯顿市的舒伯特看到之后很吃惊，他很愤怒地写了一封信给这家出版社，信的内容是："到底是什么人冒用我的名字，把他的作品寄给贵社，实在是胆大包天！到底这个冒牌货是谁？而在他的背后操纵他，称他为'天才'，想借此发一笔财的人又是谁呢？"

后来，这家出版社发现了错误，对这位50岁的老舒伯特深表歉意。于是，便把这位老舒伯特的信连同拒绝出版乐谱的信，一起寄给斯帕文。

"不要再乱想了，学长，其实你可以写信给那位舒伯特，向他道歉就好了。"舒贝尔对人情世故比较在行，他好像一点都不在乎这个问题。

"嗯！你说得也很有道理。但是，舒贝尔，你也有事情做得不好！因为你弟弟到了维也纳,你就马上把舒伯特赶走。"

舒伯特急忙解释道：

"不是这样子的老爹，你误会了！最近我离开了舒贝尔家，并不是因为他弟弟到维也纳来。是我自己觉得，一个大男人在他们家打扰好几个月，没什么出息，所以，经由宏威克特时代朋友的介绍，我就搬到了一个租金便宜的房子中去，并不是被赶出去的。我还是经常到舒贝尔家，现在不就是在他家和你们谈天说地吗？"

今年已经20岁的舒伯特第一次过独立的生活，但是，他仍然在他父亲的小学教书，靠微薄的薪水度日。

"那这件事就算了！舒贝尔，你们家很有钱，所以虽然你已经调到别的地方工作，也可以经常像今天这样，请假回维也纳的家。不过，舒伯特却没办法像你这么奢侈。现在最重要的事是，尽快把舒伯特介绍给外界，这计划进行得怎么样了？"

舒贝尔听到斯帕文忽然问起这件事，一时答不上来，只说："那件事有点……"

这时候舒伯特有点脸红地说："是不是关于特丽莎·葛罗伯的事？假如是的话，现在已经不成问题了。虽然，我现在还是很喜欢她，但我本身没有生活能力，同时……"

"不，你别搞错，不是指这件'好事'，我老实告诉你，我们订了一个计划，准备让弗格尔来演唱你的曲子。"

"什么？要请弗格尔唱？是不是那位宫廷歌手？"舒伯特惊讶地叫道。

在当时维也纳的歌剧界，没有一个人不知道"约翰·米歇尔·弗格尔"的名字。1817 年，他已经 49 岁，和诗人梅尔豪费尔同样是北奥地利人，曾学过法律和神学，是个很有涵养的人，他唱男中音。

"很早之前，我就认识了和剧院有关的人，所以我常常拜托他们一定要请弗格尔演唱舒伯特的作品。但是，弗格尔表示，他过去常受那些'天才'的罪，所以根本不肯答应这件事。"舒贝尔说。

"舒贝尔，你一定要想办法使他答应。好吧！这次由我来和弗格尔交涉，就是用强硬的手段，也要把他带到这里来。对了，假如你不在家的时候，这个房子的客厅可以让我们使用吧？”

斯帕文说完，舒贝尔立刻说：

“没问题！但是学长，你以前和歌德交涉失败，也发生过同名同姓的事，这次该不会也有问题吧？我会帮你的。”

“你这小家伙竟敢这么说，好！我一定要争口气，把大歌手弗格尔请到你家给你看看。幸亏诗人和他是同乡，我可以请他帮忙。你等着瞧吧！”29岁的斯帕文不甘示弱地夸下海口。

几天之后，斯帕文所说的话竟然实现了！一天傍晚，维也纳歌剧界的名人——弗格尔，似乎有些不乐意地来到了舒贝尔家。

大歌手在社会上自然是很受尊敬的。因此，20岁的舒伯特在迎接这位宫廷歌手时，有些手忙脚乱。

当时，年纪轻、个子小、外表不太出众的舒伯特，很客气地向这位身材魁梧的弗格尔鞠躬。而且，舒伯特在向弗格尔问好的时候很不自然，表现出慌乱的神态。

弗格尔略微摆起了架子，舒伯特的朋友们看见这情形，都非常紧张。当弗格尔开口向舒伯特要乐谱时，舒伯特就把梅尔豪费尔作词的《灵魂之窗颂》的乐谱拿给他。

弗格尔心不在焉地唱这首歌，唱完后，毫无表情地说：“还不错！”然后，又唱《梅姆农》（梅尔豪费尔作的诗），最后，又唱了《甘尼梅德》（歌德作的诗）。这三首曲子都是由作曲者舒伯特亲自伴奏。舒伯特在弹钢琴的时候特别卖力，他的朋友们，尤其是梅尔豪费尔，很紧张地在旁边看着。

弗格尔在开始唱时，表现出有些瞧不起作曲者的态度，但是当他唱完了三首曲子之后，虽然表面上仍保持着轻松的表情，其实有点受触动。特别是《甘尼梅德》这首歌，歌词是一首叙述希腊神话的诗,描写一位名叫甘尼梅德的美少年，被宙斯神带往奥林匹斯山时的高兴心情。这首歌的曲调和歌词内容非常配，优美之中带有几分庄严。宫廷歌手弗格尔非常适合唱这种没有反复曲调的曲子，他把全曲各部分的均衡都充分地表达了出来。对于这种情形，作曲者兼伴奏者的舒伯特比任何人都能直接感受到。

斯帕文和其他人在客厅中欣赏着这位大歌手的美妙男中音，弗格尔每唱完一首，他们就热烈地鼓掌。早该习惯于掌声的弗格尔竟在唱完第三曲后，脸上露出了满意的微笑，轻轻地向这些听众们点头答礼。

当试演顺利地结束时，心情已较为好转的歌手弗格尔，忽然向伴奏者兼作曲者舒伯特走过去。这时，身材矮小的舒伯特马上站了起来。弗格尔走到舒伯特前面，拍着他的肩膀说道：

"你有着特殊的才华，可是我觉得，曲中的戏剧气氛还不够浓厚。"

这句话是当天弗格尔对于舒伯特的评语。那么，到底这句话是夸奖他还是取笑他呢？

弗格尔离开舒贝尔家之后，斯帕文和所有舒伯特的朋友们都兴奋地相互讨论着。

"成功了！成功了！刚才他所说的话是句好话！"老爹斯帕文说。

诗人梅尔豪费尔却说：

"不过，弗格尔并没有表示将来还要见面。"忙着当招待的舒贝尔听了便说：

"我想，迟早他会想再见到舒伯特的。"

舒伯特露出有点担心的表情说：

"会不会真的像舒贝尔说的那样？"

斯帕文又说：

"我觉得一定会的。弗格尔的确是受到了触动。由于我们的努力，再加上新作品《甘尼梅德》，所以大大地成功了！弗格尔是有古典素养的人，他平常也总带希腊文的书籍。《甘尼梅德》这首曲子，在技巧上的变化并不多，所以他说戏剧气氛不浓厚，实在是批评得很对！真不愧是弗格尔，应该注意的地方，他都注意到了。"

平常以老大自居的斯帕文老爹，虽然在49岁的弗格尔面前抬不起头来，但是和年轻的好友们在一起时，又恢复了他老大的姿态，对这件事作了恰当而正确的判断。

事实上，斯帕文的判断一点也不错。弗格尔不但对舒伯特的作品感兴趣，他对内向的舒伯特本人也有很好的印象。

后来，他果然把舒伯特请到他家里去，并主动前去加入舒伯特的队伍。

舒伯特虽然是个伟大的天才，但能发掘天才，并愿意与比他年纪小很多的舒伯特做朋友的这位大歌手弗格尔，也是很伟大的。

"什么？舒伯特辞去了学校的工作？"

"是的！舒伯特和弗格尔之间越来越亲近，舒伯特每写完一首新曲子，便会立刻拿给弗格尔看，征求他的意见。弗格尔对舒伯特以前所作的《纺车旁的格丽卿》和《魔王》也非常欣赏。因此，舒伯特下定决心专心从事音乐工作。"

斯帕文对诗人梅尔豪费尔严肃地说："但是，他辞去学校的工作以后，生活费用怎么办呢？"

"这个我就不知道了，我想，他可能会到两三个地方去当钢琴家教。不过，这样一来，他的身体恐怕吃不消。现在他住在胡登巴勒的家里。"

斯帕文很佩服地说："就是那个萨列里先生的学生吗？舒伯特这个人除了懂音乐之外，完全没有其他方面的才能，可能是他的人缘好，所以，经常有朋友帮助他。虽然生活艰苦了一点，但只要能专心研究音乐，他就满足了。我听说，舒伯特今年所作的第二首曲子是《意大利序曲》，好像是 C 大调，大概已经完成了吧！虽然，他只能请到家庭音乐会式的业余管弦乐团，但也能不断作出这种大型的管弦乐曲。"

其实，在 1817 年，20 岁的舒伯特，除了《梅姆农》和

《甘尼梅德》之外，还写了举世闻名的《音乐颂》（舒贝尔诗）和《死神与少女》等约 50 首歌曲以及 20 首器乐曲。

"我们差点忘记了，还有家庭音乐会会场的问题。因为，参加乐团的人越来越多，所以下一次可能要借用开搬运公司的贝登克华家的大厅开家庭音乐会了。这件事同样是我进行交涉的，因为舒伯特一会儿要作曲，一会儿要打工，又要指挥业余管弦乐团，还要忙着交朋友，实在忙得不可开交，他现在完全顾不上与特丽莎·葛罗伯谈婚事了。那位小姐看到他这样，可能也失去了信心。再说，以舒伯特目前的经济能力，也不容许他结婚。"

"也许是这样。"

斯帕文一边思索，一边回答着，不久他又陷入了沉思。

社会的磨砺

去往匈牙利

"真是倒霉!"舒伯特惊叫了起来。这是由于他刚刚誊好了的《鳟鱼》乐谱上，出现了一摊很大的墨渍。

舒伯特慌忙将乐谱小心翼翼地拿了起来，把上面的墨水倒入字纸篓，然后拿起装有沙子的瓶子，将沙撒在乐谱上，把墨水吸干。可是，无论怎么样，乐谱已经留下了一片墨迹。

1818 年初春，在一个寒冷的深夜，舒伯特把去年所写的《鳟鱼》修改并誊清，准备送给经常帮助他的好友。他当时很困乏，为了让谱上的墨水早些干，准备拿吸水用的沙子，不小心却错拿了墨水瓶，致使墨水撒在乐谱上。

第二天，舒伯特拿着这张有墨渍的《鳟鱼》乐谱给胡登巴勒兄弟看的时候，他说：

"实在抱歉!"

"没关系!这反而是一个很好的纪念。这首《鳟鱼》我想要，请你送我哥哥另外一首曲子。"弟弟约瑟夫·胡登巴勒说。

"不行，约瑟夫，你怎么可以拿这首名曲呢!对不对，舒伯特? ”

哥哥安斯林·胡登巴勒表示反对。这位安斯林是以前舒伯特在萨列里先生那里学音乐时的同学，但那时候只是点头之交而已。从去年开始，安斯林和舒伯特二人才经常有来往。现在，舒伯特就住在他们家里。

"那好，那就这样！我最近还要再写一首曲子，到时候我会把那首曲子和这首《鳟鱼》一起送给你们兄弟俩，我总在你们家当食客，我一定要好好地报答你们。”

舒伯特说完之后，又遗憾地看了看被墨水弄脏的乐谱。这时候，比舒伯特大4岁的安斯林把这份乐谱拿起来，小声地唱着：

"在清澈的小溪……"

弟弟约瑟夫也和他合唱着：

"鳟鱼游着……"

这首著名的《鳟鱼》，歌词内容是描述鳟鱼在清澈的小溪中愉快地游着，因为河边有人垂钓，而误上了鱼钩，是讲述鱼儿悲哀命运的作品。

后来，舒伯特又以这首歌曲为主题，改编成著名的《鳟鱼五重奏》。

21岁的舒伯特作了一首圆舞曲，送给胡登巴勒兄弟。由于舒伯特一直很受朋友们欢迎，所以无形之中，产生了以舒伯特为中心的"组织"。这些舒伯特的朋友们，在年龄、职业、身份上都各不相同，他们之间唯一的相同点是，他们都喜欢舒伯特的音乐，并且因为舒伯特的关系，相互来往。

1818年7月的一个早晨，舒伯特的这些朋友很难得地聚集在一个街口上，交头接耳地谈论着。这天，舒伯特穿了一套外出服。

"出来了，出来了！"

这时候，有一辆由两匹马拉着的豪华大型马车，朝人群这边走来。

"真是一架豪华的马车，你就是要坐这辆车去吧？"诗人梅尔豪费尔以半开玩笑的口吻说。

舒伯特表情严肃地指着脚下的旧行李箱说：

"没错，这辆车要把我和这些行李箱都载到匈牙利的杰利茨。"

"在杰利茨不是有幢伯爵的别墅吗？你现在终于熬出头了！这么说来，你是要当伯爵两位千金的钢琴和声乐的暑期家教吗？我想，那对姐妹迟早会争着爱上你的……"

舒伯特笑着说："少开玩笑了，你以为伯爵的千金几岁了？"

诗人梅尔豪费尔和斯帕文、舒贝尔等其他朋友也都笑了。

这时候，马车已经停在他们的前面。坐在车内最中央的年老绅士就是埃斯特哈齐伯爵，他对舒伯特只是默默地点头回礼，然后用眼睛示意舒伯特上车。同时，伯爵家的男用人跑过来将车门打开，有点像催促似的，让舒伯特上了马车。接着，男用人就将舒伯特的行李箱放到马车后面顶端的行李架上，随后，马车夫便扬起马鞭抽了一下马匹，马车载着埃斯特哈齐伯爵一家人和站在马车背后的男用人离去。

舒伯特把头伸到窗外，挥手向朋友们告别，朋友们也向他说：

"要一路平安啊！"

"努力啊！舒伯特，再会了！"

就这样，舒伯特在好友们的祝福声中踏上了去往匈牙利的路程。

"这位埃斯特哈齐伯爵和帮助海顿的埃斯特哈齐伯爵到底有什么关系？"斯帕文好奇地问。

消息一向灵通的舒贝尔说：

"他们二人的名字和爵位都一样，可是没有任何关系，这次舒伯特是第一次到外地去，而且又是到匈牙利，我猜他一定很高兴。"

"匈牙利的杰利茨到底在哪里呢？"诗人梅尔豪费尔问。

"在斯洛伐克国境附近，靠近多瑙河支流格兰河一带。假如搭乘普通马车，需要经过 14 个驿站。所以，对于不习惯出远门的舒伯特来说，这一次的旅程一定会很累！"

"我想不会，你没看到他是有多兴奋。舒贝尔骗我们说，伯爵的千金是两位美丽的小姐，可是我刚才看到了她们，姐姐不过十四五岁，妹妹也顶多是十一二岁而已。"

诗人有些不高兴地说着，斯帕文和舒贝尔等一群人不禁笑了起来。

21 岁的舒伯特为什么要到那么远的地方去呢？原来，

有一位很欣赏舒伯特的人，把他介绍到埃斯特哈齐伯爵家当家教。舒伯特在那儿的工作是教伯爵的两个女儿音乐，薪水是教一次2弗罗林，并且夏天必须与伯爵一家人一起住在伯爵的领土，也就是杰利茨的别墅中。

"听说，舒伯特还没有正式辞去他父亲那里的工作。"舒贝尔说。

斯帕文接着说：

"是的！他那位校长父亲，要是没有舒伯特，应该也会很头疼的。所以在形式上他就请了一年的假。舒伯特要是回来的话，肯定又得当小学老师。"

"这样真是很可怜！我们公务员的薪水虽然不多，可是在学校教书，尤其是在黑驹小学，薪水更是少得可怜！"诗人梅尔豪费尔说着，流露出了同情的表情。

这时候，舒伯特一点也不知道他那些维也纳的朋友们正在担心地讨论着他的事，他仍旧继续有生以来第一次的长途旅行。最后，他终于抵达了伯爵在匈牙利领土上的别墅。

在匈牙利的生活

匈牙利的杰利茨，比起奥地利的维也纳，算是一个乡下地方，还有一番异国的情调。约翰·卡尔·埃斯特哈齐伯爵的别墅，是一幢不是很大的平房，常春藤缠绕在大门外停车地方的柱子上。除此之外，还有斜度很大的屋顶、窗户和粗大的四角烟囱，舒伯特看着眼前的建筑，感觉自己进入了童话世界。

舒伯特住的是管理员所住的房子，与伯爵一家人住的房子分开。住处的周围十分安静，不过那里大概有40多只鹅，有时候吵得要命。舒伯特在给舒贝尔的信中说："这些鹅吵起来，我连自己说的话都听不到。"

杰利茨庄最主要的一幢房子，是音乐厅兼客厅的豪华大厅，这里有很豪华的钢琴。舒伯特来了之后，马上教玛丽和卡洛琳两姐妹弹钢琴。

"很好！弹得不错，但是刚才那个地方要再弹一次。你们仔细看老师的手指动作，先是2，3，2，然后再用第四指（无名指）弹。"

当21岁的舒伯特在弹给这两姐妹听的时候，不知不觉想到自己少年时向哥哥和霍尔泽先生学琴的日子。两姐妹中的妹妹卡洛琳，现在学的曲子是海顿的《C大调小奏鸣曲》，这个美丽的少女睁大了眼睛看着乐谱，又弹了一次。舒伯特看到这种情景，觉得她非常可爱。

"好了！弹到这里。卡洛琳小姐，你弹得很好！下面该姐姐弹了。"

姐姐玛丽手上拿着贝多芬《G大调小奏鸣曲》的乐谱，坐在钢琴前面。这个女孩子只有十三四岁，还是个少女，但已经很成熟。当玛丽开始弹琴的时候，外面的走廊响起了脚步声，没有关好的门被打开了，一个小男孩跑了进来。这个孩子是伯爵的第三个孩子——今年才 5 岁的长子艾伯特。

"不行！玛丽姐姐正在学钢琴。"

跟在艾伯特后面进入音乐厅的是今年 28 岁的美丽的伯爵夫人吉妮。

"十分抱歉，舒伯特先生！艾伯特，你要乖乖地在这里看她们弹琴。"

这位年轻的音乐老师好像有些慌张，可他仍旧十分镇静地继续教钢琴。上完钢琴课之后，她们又接着练习唱歌。姐姐玛丽是歌声美妙的女高声。舒伯特弹了一段他所作的《纺车旁的格丽卿》之后，就说：

"这首歌可能比较难，要不要练习？"

玛丽有一些害羞，没有说话，站在旁边的母亲却说：

"这是一首很好的曲子，歌词是歌德写的吧？玛丽，要好好学！"

玛丽点点头，然后，用她美妙的嗓音开始吟唱。

也许是因为美丽的伯爵夫人在场，舒伯特感觉很不自在，练习了好久才完成。

"舒伯特先生，辛苦你了！"

埃斯特哈齐伯爵不知道什么时候进来，他和夫人一起坐在沙发上，露出了满意的表情。

"这首歌真的很不错！这是三年前您作的吗？真是太好了，我女儿能向作曲者本人学习这首曲子，实在是太幸运了！

可是，我女儿还不到谈恋爱的年龄呢！"

玛丽和舒伯特的脸都红了。

8月3日的夜晚，舒伯特在他的日记上写着：

> 我怎么能够忘记你们这一群帮我计划的好朋友
> 呢？你们就是我的一切。斯帕文、舒贝尔、梅尔豪费
> 尔，你们都好吧？我在这里生活得很好，作曲十分顺
> 利，也完成了梅尔豪费尔的《孤寂》。

舒伯特虽然在匈牙利的伯爵别墅里生活还算不错，可他
离开了朋友们，到了一个陌生的环境中生活，心中还是感到
很落寞。

8月24日，舒伯特在写给哥哥费迪南德的信中说：

> ……在7月中，连同旅费一共花了200弗罗林。
> 这地方（杰利茨）现在慢慢变冷了，但我在11月中
> 旬之前，或许还不能回到维也纳……这里的人对我都
> 很好，但我总是希望能回到维也纳……

21岁的舒伯特，在伯爵的别墅中，过着以前完全没有
体验过的生活，他很和善地与别墅内外的人来往。不过他心
中一直怀念着自己的家乡维也纳。

舒伯特在匈牙利的杰利茨庄生活期间，到底是跟哪些人

来往呢？

舒伯特在 9 月 8 日写给舒贝尔的信中说："这幢别墅的管理员是一个很耿直的叫做斯拉夫的人，他经常炫耀自己的音乐才能，负责会计的是一名很重视收入的人；家庭医生虽然医术高明，可他本人却像个老太婆一样体弱多病；外科医生虽已经有 75 岁高龄，但是一位性格爽朗、可敬可爱的老人；厨师是个懒惰虫；女侍今年 30 岁；女用人长得很漂亮，而且常和我说话，使得总管醋劲大发……"舒伯特细细地向朋友介绍伯爵府中的人。他在信中还说："伯爵是一位粗线条的人。伯爵夫人的风度高雅，感受力非常强。两位千金都是好女孩。我本身也以率直的天性和她们相处。我想，你们一定能想象得到这种情况。"

虽然舒伯特的这封长信是寄给舒贝尔的，其实也是寄给他的每一个朋友看的，这在他的信中用"你们"，就可以看出来了。

舒贝尔和其他的朋友，看完这封信之后，都开始担心起来。

"他这样继续住在匈牙利，会不会有问题？他父亲说他请假的期限已过。"

舒贝尔与其他的朋友们聚集在啤酒店内商讨这件事。诗人梅尔豪费尔接着说：

"黑驹小学准备把舒伯特的钢琴卖掉。听说，他们的学生现在比之前少了很多，学校恐怕很难再维持下去了。"

舒贝尔又说："但是这次舒伯特认识了男爵，对他前途很有帮助。因为男爵和舒伯特同年，又是弗格尔的学生，他的歌声又很不错，假如他们两个成了好朋友，对舒伯特的将来一定有帮助。"

"这么说也很对！"

斯帕文和梅尔豪费尔也点头表示同意。那时候的音乐家假如能获得贵族或有钱人的帮助，不仅很容易在社会上扬名立业，也不会再为维持生活而困扰。

那个时代的音乐家在社会上的地位很低。除了贝多芬那样的音乐界权威之外，像舒伯特这样年轻又没有名气的穷作曲家，其实和杰利茨庄的用人是没有什么差别的。一般男孩子从学校毕业后，就到政府机关就业。所以，在舒伯特的朋友中，像斯帕文、梅尔豪费尔和舒贝尔等人都是公务员。想要靠音乐、诗文、绘画来维持生活，实在很困难。

"这个家伙在杰利茨庄作曲的情况到底如何了？"

诗人梅尔豪费尔问了这句话之后，舒贝尔便回答说：

"除了你的诗《孤寂》之外，他这次好像又为伯爵夫人作了一曲《夕阳》。这么样看来，他对很美丽的伯爵夫人动了心了。"

"你这家伙！他才不像你这么游手好闲呢！他这个人虽然会谈到有关女人的事，可是，他对女人是十分冷淡的。"老爹斯帕文反驳道。

就在这一年的冬天，舒伯特终于回到了维也纳。他的父亲对他愤怒不已。

这一次，就像之前和宏威克特学校数学成绩不及格时一样，舒伯特的父亲又不准他回家。舒伯特的哥哥和斯帕文虽然不停地劝慰他，可是这位老校长仍旧坚持自己的想法。于是，舒伯特再次被赶出了家门。

准备前往奥地利

1819年2月底，在通往市区中心的伦加瑟大路上，有一家叫做"匈牙利皇冠"的大旅社，这家旅社的大厅内举行了一场小提琴家的演奏会，在这场小提琴演奏会中，还加入了歌曲的演唱。

"《牧童的哀歌》，作曲的是弗朗茨·舒伯特。这个舒伯特到底是什么人？"

"我也不是很清楚。听说，上个月他在森莱特纳律师家中指挥了《普罗米特斯清唱剧》，获得了好评。我想，这首《牧童的哀歌》应该也不错吧，因为在安·迪亚·维也纳剧院唱男高音的伊也卡，今天专门过来唱这首歌呢！"

原来，这一天，舒伯特那一首与《纺车旁的格丽卿》同时期作曲的《牧童的哀歌》，将由一位歌手第一次公开演唱。这首以歌德的诗谱成的曲子，虽然是在一场小提琴演奏会中的附加演唱中被独唱，不过舒伯特的音乐就这样慢慢地出了名。

"不行！既然我也住在这里，就绝不让任何人随便带走舒伯特所写的珍贵曲子！"约瑟夫·胡登巴勒十分激动地告诉他的朋友们。

自从舒伯特被父亲逐出家门之后，他住在诗人梅尔豪费尔那个充满烟味的房间。后来，约瑟夫·胡登巴勒也搬来和他们一起住。

现在，这满是烟味的黑暗房间内，除了坐在钢琴旁的舒伯特、主人梅尔豪费尔和住在另一房间的约瑟夫·胡登巴勒之外，老爹斯帕文、歌手霍查弗尔和贵族官员舒贝尔等人，也都聚集在这里。于是，胡登巴勒忽然向这群人宣布，从此之后，不得从这房子里取走任何乐谱。可是舒伯特却说：

"没关系！反正大家都是好朋友。"

"正是因为这样才不可以！"胡登巴勒反驳道，"朋友归

舒伯特演奏的维也纳金色大厅

朋友，作品归作品。过去已经不知道有多少名曲的乐谱，从这个房间内被任意拿了出去。假如有人想要舒伯特的作品，可以正式要求他作曲，我想，舒伯特也一定会乐意地把作品送给对方。舒伯特，你说是不是？"

胡登巴勒说完后，立刻把放在钢琴上、桌上、谱架上和散放在床上的手写乐谱，全都收集了起来。他把这些乐谱整理好之后，放入桌子的大抽屉中，然后又说：

"从现在开始，我们任何人都不要为了留作纪念就随便取走乐谱了。舒伯特，你也真是的！真正的音乐家应该好好保管自己的作品。从今往后，我要请房东太太帮我忙，我要好好保管你的作品，我哥哥也非常赞成由我来保管这些乐谱。"

这时候的约瑟夫·胡登巴勒说话的表情十分严肃。这让这些乐天派的舒伯特好友们有一些诧异。但由于约瑟夫所说的话确实有道理，所以大家都赞成他的建议，这正是舒伯特好友们的一大优点。由于约瑟夫·胡登巴勒的努力，舒伯特的作品才能一直流传到后世。

大家都同意之后，好朋友之中有人说：

"为了预祝《孪生兄弟》的上演成功，我们现在一起来唱这首曲子中大合唱的部分吧！"

大家都表示赞同，于是，舒伯特立刻开始弹钢琴，大家大声地唱了起来。这时，忽然听到有人用力敲门，接着房东太太走了进来，她是出生在法国的妇人。

"你们怎么可以这样！我虽然喜欢弗朗茨·舒伯特，也很想和你们一起唱他的曲子，可现在已经很晚了，你们这么大声唱好吗？"

"阿姨，实在是抱歉……那么，我们到外面去吧，到什么地方去好呢？"

"很久没去安娜街的黑猫馆了。"

"去那里也行，不过，还是到匈牙利皇冠馆比较合适。"

"匈牙利皇冠馆"是他们最常去的地方。不一会儿，他们来到了这里喝啤酒，非常热闹。

"哦！弗格尔在那边！"

大家听到胡登巴勒这么说，都转过头去，发现宫廷歌手弗格尔很难得的出现在这家酒吧。他微笑地朝他们走过来。不久之前，由于弗格尔的推荐，才能够让舒伯特第一次为剧院写歌剧。但现在，弗格尔表情凝重地对舒伯特说：

"实在抱歉！剧院最近不愿意上演你的歌剧。"他很遗憾地接着说："可是舒伯特你放心，早晚有一天我一定会让他们演出你的作品，你现在先忍耐一下吧！你有没有兴趣同我一起旅行呢？我现在要去奥地利。"

"当然很好！我很乐意能跟你一起去！因为上次替剧院写了歌剧，旅费也不成问题！"

虽然这两个人年龄差了将近 30 岁，可因为都是出于对音乐的爱好，他们成为了亲密的朋友。

虽然这次剧场不上演舒伯特的作品，但是舒伯特一点都不失望，因为他正在为要与弗格尔一起旅行的事情而激动不已。就这样，舒伯特在朋友们羡慕的眼光下，与弗格尔约定好一起外出旅行。

愉快的旅程

"实在是太棒了！当艺术家还有暑假可以过，可我们公务员根本就没有这种假期。"

"你这不是废话吗！舒贝尔，你是业余的公务员，你还有其他的事业，不过你的真正事业，说不定就是交女朋友。"

诗人梅尔豪费尔的这句玩笑话，让舒贝尔羞愧得说不出话来。也许是他们都喝了不少酒，所以说话开始口无遮拦了。

舒贝尔忽然改变话题说：

"对了！舒伯特，最近我准备向你介绍一个人，这个人很早就想加入我们这团体了。"

"这个人是做什么的呢？"

舒伯特问的这句话，当然是指这人是否有音乐、文学或绘画上的才能。由于舒伯特没有把字咬清楚，诗人梅尔豪费尔嘲笑他说：

"你看！舒伯特又犯了他的老毛病。'加尼巴斯'！"

"加尼巴斯"就是德语"会做什么"的意思。

"'加尼巴斯'这个绰号真的很适合他！"50多岁的弗格

尔也开心地大声笑着。

但舒伯特苦笑着说：

"什么？你这只'希腊鸟'？"

因为，在德语中，"弗格尔"的发音和"鸟"的发音很接近，同时这位宫廷歌手有带着希腊诗进入剧院后台的习惯。

大家笑得更厉害了。

7月中旬，22岁的舒伯特和弗格尔两个人到达了上奥地利的斯提尔。斯提尔是在维也纳西方大概150公里的乡下市镇，位于上奥地利的南方，是位于奥地利阿尔卑斯山脉的美丽市镇，这里正是弗格尔的故乡。

距离斯提尔北方不远处的林茨市，是斯帕文的故乡。同时，在上奥地利的北方，也是普弗塔、梅尔豪费尔以及出生于瑞典的舒贝尔的故乡。

舒伯特寄住在弗格尔的朋友谢尔曼律师的家中，弗格尔住在巨商奥登华特的家里。奥登华特是贵族的后裔，他对于弗格尔推荐的这位在去年已经写成第六交响曲的年轻作曲家，有着很高的评价，还答应供给舒伯特饮食。所以，舒伯特每天都到这位巨商家吃饭。后来，舒伯特写信给朋友们说：

> 奥登华特先生的女儿长得很漂亮，钢琴也弹得很好。她将来或许会唱我作的曲子。斯提尔这边的景色，真的很漂亮！

一天黄昏，舒伯特在奥登华特家中分派角色，准备在奥登华特家把《魔王》当作歌剧上演。舒伯特自己除伴奏全曲之外，还要担任父亲的角色，而宫廷歌手弗格尔担任魔王的角色。至于被魔王看上的少年这一角色，由奥登华特的女儿约瑟芬饰演。演出完成之后，受到了观众们的热烈欢迎。

舒伯特此行和去年在匈牙利的杰利茨庄不同，这次没有教音乐的义务。舒伯特是出生在这个地方的名歌手弗格尔的好朋友，所以走到哪里都受到热情接待。舒伯特为了报答弗格尔的关照，在8月10日弗格尔51岁生日的当天，把普弗塔所作的歌词谱成清唱剧献给弗格尔。

后来，舒伯特去世之后，这首曲子被改名为《致春天》，并用不同的歌词出版。除了这首曲子以外，舒伯特还为住在斯提尔的弗格尔的好友写了《鳟鱼五重奏》，并且他亲自担任钢琴伴奏，首演了这首名曲。

舒伯特和弗格尔在斯提尔停留了大概两个月。在这期间，舒伯特被这里的美丽风景、典雅的房屋、优美的建筑、河流上的小舟，还有当地的古井和桥梁的形状等深深吸引了，他流连忘返。

除此之外，舒伯特也经常与弗格尔一起去往北方的林茨市旅行。林茨市是斯帕文的故乡，所以，舒伯特在那里也受到热烈的欢迎。舒伯特在上奥地利度过了欢快的两个月之后，宫廷歌手弗格尔的假期将满，他们二人便在9月下旬一起回到维也纳。

渐渐在成长

1820 年的 6 月，弗格尔最终兑现了他的诺言，让舒伯特的歌剧《孪生兄弟》在维也纳的宫廷歌剧院演出，并由弗格尔亲自担任主角。

在那个时代的歌剧界当中，意大利歌剧的势力相当大。当然这种势头在维也纳的歌剧界同样如此，莫扎特的作品和贝多芬的《费得里奥》，还不如意大利的歌剧，尤其是罗西尼的《塞维亚理发师》和《奥泰罗》等作品受到人们的欢迎。因此，当时的歌剧院不愿意上演德国歌剧，更何况是新进作曲家的作品呢！

6 月 14 日，《孪生兄弟》首演的那天，23 岁的作曲者舒伯特与刚回到维也纳的安斯林·胡登巴勒，一起坐在"卡纳特歌剧院"三楼的大众席后座，兴奋地注视着台上。

这出《孪生兄弟》并不算正式的歌剧作品，而是根据法国闹剧的剧本翻译写成的小型歌剧。歌剧内容是以一对不容易分辨的双胞胎兄弟为主角，由一名歌手担任这两个角色。

在这出歌剧中，两位孪生兄弟不可能同时出现在舞台上，所以，担任这个角色的歌手，必须不断地出现在舞台上。而名歌手弗格尔却答应饰演这个繁杂的角色。

序曲完成之后，弗格尔出现在以莱茵河的村落为背景的舞台上开始表演。每当剧情和歌声引起观众热烈的掌声时，舒伯特和坐在旁边的安斯林·胡登巴勒二人便相视而笑，高兴地鼓掌。

"虽然有这么多人热烈鼓掌，但还有一些不理想！"胡登巴勒低声地向舒伯特说。

"嗯！虽然，我很感激大家这么捧场，可是……"舒伯特也露出无可奈何的表情。

原来，斯帕文和其他舒伯特的朋友都兴奋地来剧院观赏，但由于他们过于热心捧场，所以，观众鼓完掌后，他们仍继续鼓掌或大声叫好，干扰了歌剧的演出。

观众对于这种过分热烈的喝彩声感到很厌烦，所以，有人便开始叫："肃静！"或是"吵死了！"竟然还有人吹口哨。除此之外，可能是观众习惯欣赏意大利歌剧，所以对于舒伯特的歌曲式作风有些不太适应。基于这些原因，场内的气氛显得不太稳定。

歌剧《孪生兄弟》的主要曲子，加上合唱曲，一共是10首左右。当这出歌剧演唱完之后，舒伯特的朋友们便非常热烈地拍手喝彩。喝彩声压过了反对派的口哨声。也有不少反对派的观众由于弗格尔的美妙歌声，而给予热烈的掌声。

在不停的掌声中，弗格尔数次回到舞台上谢幕。可是，观众的掌声仍是不断，他们希望作曲者能亲自上台。

"舒伯特，大家正在等着你上台，弗格尔也一直看着舞台的出入口，你赶快上台吧！"安斯林·胡登巴勒说。

这时候，舒伯特可能是受到了热烈喝彩声的影响，红着脸说：

"我怎么能上台呢？你看我穿的衣服！"舒伯特这天穿了一件很朴素的便服。

"没事，那你就穿我的衣服上台去吧！"

胡登巴勒马上把自己的燕尾服脱下来借给舒伯特。但舒伯特说：

"不行！不行！我不上台！"

他红着脸把燕尾服还给胡登巴勒。这时，台下仍然掌声不断，于是，站在台上的弗格尔只好用手势请听众安静下来，然后说：

"作曲者舒伯特先生今天没有到场，我代替他向大家深深地道谢。"

弗格尔向观众点头致谢后，大家终于停止鼓掌。音乐会结束后，舒伯特、胡登巴勒和所有的朋友们一起前往酒吧，大家共同举杯庆祝这次首演大获成功。

这究竟能不能算是大获成功呢？每一家报纸对于《孪生兄弟》演出的报道都非常简短，只有《音乐新闻》报社发表了稍微长的评论。在这则评论中，虽然承认舒伯特的才能，但也同时指出了"管弦乐法不够完整"和"转调过多"等缺点。《孪生兄弟》一共只上演了 6 次，所以，无论是在上演成绩和作品上看来，都是一种失败。《孪生兄弟》失败的最重要原因是脚本的不理想，加上舒伯特的音乐一向带有哀愁的特色，不适于为这种喜剧配乐。

"舒伯特或许更失望吧！"

"但是，听说这次他答应为三幕歌剧《神奇的竖琴》作曲，现在已写完了第二幕。这出歌剧的剧本，听说是《孪生兄弟》的作者所写，所以我还是有些担心。"

"说的也是！不过，音乐怎么样？这次是不是采用了罗西尼式的音乐？"

"不！他从不崇尚时髦，这就是舒伯特伟大的地方。不过，在很早以前，他曾赞美罗西尼说：'罗西尼的天才绝不能被否定！'他的这种态度也很伟大！"

斯帕文、舒贝尔、梅尔豪费尔和胡登巴勒兄弟等人正在谈论舒伯特的事。

8 月 19 日，《神奇的竖琴》歌剧在维也纳首次公演。虽然乐曲只花了两星期写成，但旋律非常优美。这一次的公演是为了募款给安·迪亚·维也纳剧院的舞台设计家，所以采用了华丽的背景，而且共上演了 12 场。但是，因为脚本不好，没有受到观众的好评。结果，这出《神奇的竖琴》并没有提高舒伯特的声誉。

不过，这出歌剧的序曲也就是现在所称的《罗莎蒙德序曲》，却因此大为出名。由于这出《神奇的竖琴》首次公演的成绩并不理想，所以，舒伯特也没有取得事先谈好的作曲费 500 弗罗林。

"舒伯特是个老实人，剧院的负责人也未免太刻薄了！"

"对，所以，舒伯特对于替剧院作曲，也感到厌烦了。印度歌剧《沙尾塔拉》才写到一半，他就放弃不写了！"

"这样才对！那出印度歌剧的脚本，我之前看了一遍，写得实在不像样！所以我劝舒伯特不要为这种歌剧作曲。"诗人梅尔豪费尔好像有些气愤地向斯帕文和舒贝尔说着。

舒贝尔接着说：

"干脆请人在桑莱斯勒家的音乐会中唱舒伯特以前所写的歌曲，对舒伯特可能有利。"

1820 年的 12 月，舒伯特被邀请参加名律师同时是音乐爱好者桑莱斯勒博士家的音乐会。这天，由公务员兼声乐家吉姆尼希演唱舒伯特的《魔王》，受到了热烈的欢迎。钢琴伴奏者并不是作曲者而是一位美丽的小姐。

"我真佩服你，这首曲子确实令我意外地兴奋和惊奇。在演唱以前，卡蒂小姐试弹伴奏时，我曾经问她：'这首曲子是你作的幻想曲吗？'她说：'不是！'于是，我很想知道，到底这首美妙歌曲的作者是什么人。不信的话，你可以问问卡蒂小姐。"业余歌手吉姆尼希表情认真地对舒伯特说。

此外，在舒伯特周围，还有钢琴伴奏者、20 岁的卡蒂·弗利奇，爱好音乐的新进剧作家、29 岁的格里尔帕策，舒伯特前年在杰利茨庄结交的昔恩休泰男爵以及这幢房子的主人桑莱斯勒律师和他的儿子里欧波耳多等年龄身份各不同的人们，大家都赞美着他。

"像这么伟大的作曲家的作品，居然连一首曲子都没有出版，真是让我们吃惊！我们以这个'星期五音乐会'作为后盾，找一家乐谱出版社，先把《魔王》出版，你们看怎么样？"

听主人桑莱斯勒博士如此一说，大家都表示赞成。舒伯特本人由于性格内向，而且眼前又有很多不认识的人，所以感到很难为情。

桑莱斯勒的府邸是四层楼的建筑，称为"葛恩德尔馆"。在这里举行的"星期五音乐会"是一种交际活动，但是后来竟在此地产生了舒伯特迷。

"你看上了卡蒂小姐吗？这样绝对不行！格里尔帕策好像早就对她有意思了。"

音乐会结束后，舒伯特与约瑟夫·胡登巴勒以及里欧波耳多一起喝葡萄酒，他们二人取笑舒伯特。年轻的里欧波耳多说：

"不过，卡蒂小姐也有姐妹，她们四个姐妹都有艺术方面的才能。弗利奇家是具有贵族血统的生意人，不过后来她们的父亲事业失败，所以，她们只好以教音乐来维持生活。过些日子一起到弗利奇家去，怎么样？"

"要！一定要带我去！"

舒伯特对这件事很感兴趣，但坐在他身边的胡登巴勒说：

"虽然这种想法很不错，但别忘记你的正事。最近我替你整理乐谱，发现你近来的作品比之前少了不少，光是歌曲方面，今年写了还不到20首。"

舒伯特非常认真地回答："我在3月曾经为费迪南德哥哥的教会作过曲，夏天，也作了《神奇的竖琴》，到了秋天又写了《沙尾塔拉》……歌曲方面，也写了海因利希作词的《小山上的年轻人》和以乌兰德的诗谱成的《致春天》等。"

现在的舒伯特比起他十八九岁的时候，作品数目确实减少了一些。可是，以具有民谣风味的《致春天》一曲为例，这首曲子明朗、亲切、美妙，而且转调顺畅，证明了23岁的舒伯特，在作曲的感觉和技巧上，都已经成长了。

四个特别的女人

"星期五音乐会"之后不久，舒伯特第一次访问了弗利奇家。或许是为了方便，里欧波耳多和他一起来了。到了那里之后里欧波耳多突然说：

"对了！我想起来了！我和胡登巴勒约好了一起去拜访巴贝雅（乐谱出版商）。所以，弗利奇家美丽的小姐们，请你们好好招待这位天才作曲家吧！"

"里欧波耳多，你这人真是的，你这么说是准备开溜吧，真是阴险！你还叫我'小姐'呢！现在我已经是个太太了。"

四姐妹中的老二芭芭拉说。

在这四姐妹当中，只有老二芭芭拉已经结婚，她的先生是长笛演奏者。芭芭拉是一位优秀的女低音歌手，同时，对绘画也很有兴趣，是位业余画家。

"管他的！里欧波耳多，你就放心地走吧，就让我们四姐妹好好招待这位音乐天才吧！"里欧波耳多走后，声乐老师、26岁老大约瑟芬马上说。

"不要叫他天才，叫他舒伯特好了，但是，有人的名字也叫舒伯特。约瑟芬，你不如叫他弗朗茨吧！"卡蒂说道。

"那么，也不要叫我约瑟芬吧！叫我贝比就可以了。"

"那也别叫我安娜了，叫我妮蒂就可以了。"

老四安娜和约瑟芬开玩笑地这么说。还不到20岁的安娜已经在教别人声乐了。

"你们大家最坏了！从来不叫我卡达莉娜，一直都叫我'卡蒂'。"

卡蒂是四姐妹中长得最漂亮的一个，她除了会声乐以外，钢琴也弹得很好，今年才20岁，比舒伯特小3岁。她又接着说：

"弗朗茨，我们开始演唱《纺车旁的格丽卿》吧！由我来唱，你能不能帮我伴奏？"

其他三姐妹也立刻说：

"不行！由卡蒂伴奏，我们来唱。"

"不！我不要伴奏！上次我伴奏过了，今天轮到我来唱。"

她们四姐妹平常感情很好，又都喜欢音乐，在舒伯特面前，更是显得愉快而热闹。

"贝比、芭芭拉、卡蒂、妮蒂，你们大家一起唱吧！由我负责伴奏。"

舒伯特故意先弹奏简单的歌曲《野玫瑰》，弗利奇家的四姐妹不愧是音乐爱好者，立刻配上了和声，她们不是齐唱，而是重唱，歌声非常美妙。

后来，她们又继续唱了数首曲子。每一首曲子唱完时，四姐妹和作曲者舒伯特便互相为对方鼓掌，非常的热闹。虽然，舒伯特第一次到这儿来，但无形中已和这四姐妹打成一片了。

"对了，下次我到这儿来之前，一定会先作好四重唱曲。现在我忽然想到，为什么我以前只写男声合唱曲，而没有写女声合唱曲呢？"舒伯特自言自语道。

"一点也不奇怪，因为你的朋友都是男的。从今以后，请你多写一些女声合唱曲。哦，对了！我现在知道你没写女声合唱曲的原因了，这是因为你以前从来没有和女孩子交过朋友，对不对？"

听到芭芭拉这番直截了当的话，23岁的舒伯特不禁涨红了脸，脸上掠过一些感伤的神色。

在此同时，桑莱斯勒博士的儿子里欧波耳多和约瑟夫·胡登巴勒两个人，正在巴贝雅乐谱出版社与负责人巴贝雅交涉。巴贝雅说："一方面是由于'星期五音乐会'的推荐，而另一方面，我本身也知道舒伯特先生的才华。但是，无论他是多么有天赋，也无论这首《魔王》多么出色，我们并不知道卖不卖得出去。所以，你们要我马上出版，实在是有点困难。钢琴伴奏谱看起来很难，而且，关于乐谱的出版，在原则上——"

"你是不是要说，原则上并不是为了兴趣或慈善事业而出版的？"

年轻的里欧波耳多的口气越来越粗野，并用讽刺的话对付巴贝雅。但这位出版商说：

"不！我绝没有这种想法！我只不过想慢慢考虑而已。"

"好了！算了！我已经明白了！"

里欧波耳多根本不让对方继续说下去，拉着身边的胡登巴勒一起从出版社走了出来。

"这个家伙真是太狡猾了！跟他说了半天，一点结果也没有……"

这时，还在气头上的胡登巴勒也说：

"我当时真想揍他一顿！乐谱出版社又不只是巴贝雅这家而已，现在，我们到海斯林格出版社去问问看吧！"

于是，他们二人又到海斯林格出版去接洽，但是，这家出版社的负责人也和巴贝雅一样，委婉地拒绝了他们的要求。

他们从这家出版社走出来后，里欧波耳多又说：

"这到底是怎么回事！我还十分客气地说明不要任何代价，只要帮我们印刷就可以了，他居然还是没答应。"

"算了，别说了。"胡登巴勒安慰里欧波耳多说，"既然这样，我们也没办法。我们大家筹钱，不管是 50 册或 100 册都好，自费出版吧！"

胡登巴勒说着，不由得想起好几年前刚开始和舒伯特他们结识时，也曾经从斯帕文那里听说他们为了替舒伯特出版乐谱而伤脑筋的事。

"现在，舒伯特可能在弗利奇家，被弗利奇家的女孩子包围着唱歌、弹琴，非常快乐。"里欧波耳多说。

胡登巴勒也说：

"我也是这样想。舒伯特这个人天生就有这种命，我们替他穷操心，他自己倒是优哉游哉的，好像一点也不在乎贫穷。只要有人要他过去住，不管是舒贝尔家、梅尔豪费尔的小房间、斯帕文的地方或是我那儿，他都能毫不在乎地搬去住。无论是住几个月或只住几天，他也都能自由自在地生活。即便如此，也没有人觉得他懒惰或狡猾，他是个踏踏实实的人，他一向只专注于音乐。梅尔豪费尔也曾说过，他早晨上班时，舒伯特还在床上睡觉，在他的周围，散放着许多乐稿，有时，连眼镜也没摘下来就睡着了。等到他上班了之后，舒伯特才起床，以红茶、面包作为早餐，继续作曲，到下午两三点左右，出去找朋友或是喝咖啡、啤酒。舒伯特外出的时候，也一定随身带着五线谱稿纸，如果有了灵感，就很快地写下来。"

"原来是这样啊！"

里欧波耳多似乎不以为然地回答，但胡登巴勒表情认真地接着说：

"是的没错，就在 1819 年的 10 月，我因为生病住在医院的时候，舒伯特来探病，他和我谈话谈到一半时，可能是灵感忽然来了，向我说了声'对不起'之后，就在病房角落的小架子上开始作曲。你知道吗？他写的是钢琴曲，虽然旁边没有任何乐器，但他仍然可以听得到音乐。后来，由于周围越来越暗，所以，我就悄无声息地把烛台放在他旁边。那时，舒伯特也只是轻点一下头，继续作曲，根本不理会我。有时候，他轻声地哼着旋律，写了 30 分钟、40 分钟、1 小时、2 小时……他好像根本不知道自己已经写了多久。最后，他终于把笔放下来，并用双手用力地在小架子上轻轻弹一下，就好像弹钢琴曲那样。后来，他开口对我说：'喂！写好了！你看看吧！'这时，他才猛然地说：'真是糟糕！天已经完全黑了！我到底写了多久？'我对他说：'大约写了 3 个小时了，舒伯特，你真是厉害！居然能在医院的病房里作曲，这到底算什么呢？我真不知道花了多大的精力，才把来这里巡视的医生和护士打发走。''对不起！我真不知道该怎么向你道歉才好！但我决定把这首作品送给你。'等他说完后，就在那张钢琴奏鸣曲的乐稿上端写着：'于市立医院约瑟夫·胡登巴勒的病房中，3 小时完成'紧接着，他又附加了'为作此曲而忘食'几个字。然后，他似乎很开心地大笑。他就是这么个怪人！也真是个大音乐家、天才！这就是舒伯特。"

胡登巴勒说完之后，里欧波耳多·桑莱斯勒接着说：

　　"其实我早就知道这些了，所以，我才会设法帮他出版乐谱。我要先获得我父亲的帮助，然后立刻到'星期五音乐会'中募款，你也向你们的'舒伯特帮'募点钱吧！"

　　"那是必须的！不过，我这方面可能没有把握。当然，我自己会出钱，但其他的人，比如斯帕文或是舒贝尔，进入社会年限太早。对了，舒贝尔这家伙现在是不是在维也纳？那家伙兴趣广泛，最近还当了演员。提到兴趣广泛，画画的利奥波德虽然还年轻，但现在也自以为是名画家了。"

　　"别说得这么离谱啊，胡登巴勒，利奥波德虽然还年轻，还不到 20 岁，可是，连著名画家都夸奖他有绘画的才能呢！"

　　一般说来，"舒伯特帮"中的人在社会上的地位很低。虽然这群年轻人都很有冲劲，但是在中年人眼中，他们都是些还没有成熟的人。

　　"虽然我不太了解以前的事，但是我一直不明白，斯帕文为什么要我把弗利奇家的四姐妹介绍给舒伯特。"里欧波耳多不解地说。

　　胡登巴勒也说：

　　"我也不知道具体的原因。据说舒伯特在写《纺车旁的格丽卿》的时候，有一个爱人，但是那个爱人在去年和别的男人结婚了。至于其中的详情，斯帕文和梅尔豪费尔不肯说，这样反而引起我的好奇。所以将来有机会，我一定要问问舒伯特，你看怎么样？"

　　"我也不知道该怎么说。"里欧波耳多若无其事地回答。

虽然舒伯特和特丽莎感情很好并且已经有一段时间了，可他们最后还是没有结婚。1820 年，特丽莎终于和一位年纪比她大的面包商人结婚了。舒伯特是在外面举行的家庭演奏会中得到她结婚的消息。

很多人都在想，为什么舒伯特没和特丽莎结婚呢？是接受了朋友的忠告？也许因为自己太穷？或者因为他天才的直觉和本能，想逃避女性的拘束？或者二人的性格都太内向，不敢主动表明？而这些，永远都是一个谜。

舒伯特并不是不喜欢女人，这一点在舒伯特隔没几天就再次拜访弗利奇家四姐妹的事上可以看出来。而且舒伯特在第二次拜访弗利奇家的时候，还把刚作成的女声合唱曲《诗篇二十三》带去。

到了后来，因为经营搬运公司的贝登克华搬到别的地方，所以在 1820 年的秋天，家庭音乐会便解散了。随着时光的流转，舒伯特自身和他的周边也发生了很大的变化。

英才早逝

市场畅销

"这下你没话说了吧，巴贝雅！"

在"星期五音乐会"会场上，维也纳的名律师桑莱斯勒博士拿着捐款的名簿，这让狡猾的乐谱出版商巴贝雅终于无话可说。

"好吧！这样，根据约定只出版 100 册，当作'委托出版'，印刷发行舒伯特先生的《魔王》。"

乐谱出版商巴贝雅客气地把出版《魔王》的捐款名簿接过来后，羞愧地离开了演奏会场。

"这个家伙真是让人火大！他绝对想不到我们会捐款出版《魔王》吧！"

"当我们告诉他，我们要负担纸张和印刷费时，这家伙就立刻改变了态度，很客气地请求我们让他的公司来出版这本乐谱。"

"我们还在出版之前已经募齐了全部的出版费用，所以，巴贝雅看到这种情形，完全没话可说了。前些时候，他根本没有诚意帮我们出版；但现在，他可能很后悔自己当初的态度。"

每隔一段时间，桑莱斯勒家举行就会举行一次"星期五音乐会"今天演唱的是《纺车旁的格丽卿》和舒伯特的其他作品，听众们越来越欣赏他的音乐，其中，桑莱斯勒父子更成了舒伯特迷。

所以，这对父子和新进的剧作家格里尔帕策、业余歌手昔恩休泰男爵等"星期五音乐会"的成员成为了有力支持者，负担了《魔王》的出版费用，"舒伯特帮"的人甚为感动。但舒伯特本人却担心地说：

"我感谢大家的好意，假如印刷出的 100 册，能卖掉 50 册的话，那该有多好！"

钢琴弹奏技巧高明的剧作家格里尔帕策说：

"这个你不用担心了！《魔王》的旋律和伴奏都很美妙，卡蒂，你说是不是？"

美丽的卡蒂·弗利奇也说：

"是的！我保证你的歌曲一定卖得出去。"

这时候，格里尔帕策又打趣地说：

"卡蒂迷上了舒伯特的音乐，就好像喝醉酒的人一样，完全陶醉在他的音乐之中。"

格里尔帕策在夸奖舒伯特时，也同时取笑了卡蒂。三年之后，格里尔帕策与卡蒂订婚，但没有结婚。格里尔帕策到了晚年，就是在这位"永远的新娘"卡蒂的照顾下离开了人间。

安斯林·胡登巴勒因为父亲去世，必须回故乡奥地利东

南部奔丧。在他回乡前一天,他要舒伯特和他一起出去散步。安斯林对舒伯特说:

"有件事情我不知道该不该问你,你为什么不喜欢女人呢?"

舒伯特听了感到很惊讶地说道:

"根本没这一回事!我之前也很认真地谈过恋爱,即使那个女人不美丽,可是她的声音很美,她独唱我写的弥撒曲时的美妙歌声,令我终生难忘,而且她的性情也很好。有一段时间,我想和她结婚,可是到了后来,她奉父母之命嫁给了别人……"

后来,舒伯特的《魔王》出版之后,变得很抢手,很快就卖完了。桑莱斯勒父子,以及参加"星期五音乐会"的人,尤其是"舒伯特帮"的人,听到消息后都兴奋无比。只有乐谱出版商巴贝雅因为不能获利,感到十分懊悔。

"真是太棒了!《魔王》刚出版就卖光了!"

舒伯特和朋友们聚集在他们常去的匈牙利皇冠馆,一起举杯庆祝。

1821 年的春天,24 岁的舒伯特终于出版了自己的作品,他将《魔王》编号为"作品 1"。作为音乐家的作品编号,在习惯上,并不一定都是按照作曲创作的时间先后。

"哈哈!等到下次的时候,巴贝雅一定低头哈腰地过来拜访我们。"

"这是当然的!但是舒伯特,你可千万要小心,这个家伙很狡诈的。"

"当然，我还不至于那么傻，该要的我一定会拿。"舒伯特笑着说。

斯帕文和约瑟夫·胡登巴勒说：

"如果是这样最好不过了。但是，你要记得你在宏威克特学校时，数学成绩都没及过格。"

"你们这群家伙，太小看人了。问题是，巴贝雅到底会不会来拜托我让他出版我的作品呢？"

后来真的跟舒伯特的朋友们说得一样，这家伙点头哈腰地过来求舒伯特了。所以那年 4 月，《纺车旁的格丽卿》就以"作品 2"出版了。巴贝雅还对舒伯特说：

"之后，还是请您继续让我来出版你的作品吧！"

于是巴贝雅从舒伯特所住的诗人梅尔豪费尔房内抽屉里取走了《岩石上的牧羊人》《野玫瑰》等乐谱。5 月间，命名为"作品 3"的《野玫瑰》以及《海的静寂》等歌曲被编成歌曲集出版。向来贫穷的舒伯特，竟然得到了一笔数目不小的钱。

显耀名气和才华

在那个年代，如果作曲者将作品呈献给贵族，对方就会拿很多钱送给作曲者作为酬劳。所以，每次再版的时候，舒伯特就能够赚大约 150 弗罗林。

"我真是想不明白，艾洛耳的歌剧《魔铃》怎么会不受欢迎呢？但是，舒伯特为这首歌剧所作的附加曲却大受欢迎。"舒贝尔很高兴地说。

这时候斯帕文也说：

"艾洛耳看到观众只对舒伯特的附加曲喝彩的时候，心里一定很难过。另外，舒伯特虽然有功劳，可节目表中没有见到他的名字，他一定很失望。"

因为乐谱的不断出版，舒伯特的名气和才华已越来越显耀。但是社会上的人还是把他当作一个新人看待，很少有人请他作曲。

虽然是这样，剧院却意外地请舒伯特为艾洛耳的歌剧《魔铃》作附加曲。所谓的附加曲，是以加强歌剧内容或使剧情有所变化为目的而另外写的曲子。

"说实话，我是劝舒伯特写这种附加曲的。我告诉过他，每个人在开始时都是无名小卒，所以，我希望他把写这种曲子当作一种练习，由我来与剧院接洽。他答应之后就马上动笔，谁也没有想到这首附加曲会这么受欢迎。既然下次就要给舒伯特好的剧本，让他独自负责作全曲，这出剧本就交由我来写。"

斯帕文吃惊地对舒贝尔说："你这是在开玩笑吗，舒贝尔？你虽然头脑灵活，又会作诗，但你能写歌剧吗？我看很有问题。"

舒贝尔回答：

"你就放心吧,学长。为了庆祝舒伯特这次又搬到我家住,我准备过些日子举办一次郊游,你看如何? 请你一定要参加,假如老爹不去的话, 这个活动将会失色不少!"

"你就会拍马屁! 好吧，我也去郊游吧！"斯帕文爽快地答应了。

没过多久, 向来阔气的舒贝尔、老爹斯帕文、诗人梅尔豪费尔和画家卡普怀塞、利奥波德等舒伯特的新旧好友们,一起前往离维也纳不远的艾森伯格的舒贝尔亲戚家去玩。舒贝尔的这位亲戚也是个阔气的人, 每年到了夏天, 就从维也纳请来客人, 举行为期三天的"艾森伯格纪念日"。

这次, 舒贝尔邀请好友们一起参加这三天的"艾森伯格纪念日"的原因之一, 是斯帕文将调到他的故乡林茨,借此为他饯别。这时候, 已经是 1821 年的 7 月了。

24 岁的舒伯特兴奋地弹奏舞曲。这种欢乐的场面被卡普怀塞和利奥波德这两位画家, 分别绘成水彩画和素描,流传到后世。

好玩的舒贝尔在三天的"艾森伯格纪念日"之后, 又把这群朋友请到他的别墅——治托莱森河（多瑙河支流）山谷间风景幽美的"奥克森堡庄"。后来, 只有舒伯特和舒贝尔二人留了下来。他们二人之所以居住在离维也纳约 70 公里西方的安静山溪别墅里, 是另有原因的。

"现在朋友们都渐渐离开了, 从现在开始, 我要专心写我的大作了。"舒贝尔说。

舒伯特也愉快地说：

"好的。那么，你每写完一章，我就为它谱曲。"

他们二人开始合作写歌剧，这出歌剧叫做《阿方索与艾斯翠拉》，是一部有爱情、有阴谋、也有战争的复杂作品。大概的内容是：某位国王驱逐了领主父子之后，为此事立功的将军，要求国王把公主艾斯翠拉嫁给他，使得国王非常苦恼。后来，被驱逐的领主之子阿方索揭穿了将军的阴谋，而娶了公主为妻，最后，阿方索当了国王。这是一出以西班牙王室为主题的歌剧。

从 9 月到 10 月间，舒贝尔和舒伯特二人拼命地作诗和作曲。舒贝尔早年丧父，只有母亲，又生长在有钱人家，难免有些任性。有时候他会住到伯父家中，并且举行舒伯特的作品发表会，或者邀请贵族妇人到家里参加舞会，显得十分阔气。

到了 11 月，他们两个人一起回到维也纳。这时候，由二人合作写成的歌剧《阿方索与艾斯翠拉》也已经完成了两幕。

这一年对于舒伯特来说，除了第一次出版乐谱之外，还有很多有价值的事情，如 3 月时大歌手弗格尔在宫廷剧院中，特地为他演唱《魔王》。就在夏秋之间，他参加了愉快的郊游和旅行，除此之外，他的《死神与少女》也以"作品 7"出版。

舒伯特在社会上稍微有了一些名气之后，他父亲对他的态度也改变了不少，再次允许他回家。历经三年之后，舒伯特终于能够回到自己的家了。

经历挫折

在乐谱的封面上，印着很大的德文"贝多芬"字样，十分醒目。而且，这个名字的周围用象征荣誉的月桂树叶图样围了起来。

但是，这本乐谱却不是贝多芬的作品。乐谱封面上印着：

根据法国式歌曲改编成二人弹奏的变奏曲。献给路德维希·凡·贝多芬，以表示对贝氏的敬意。弗朗茨·舒伯特作曲。作品10。版权所有者维也纳葛拉贝恩街1232号，卡比·温得·巴贝雅。

舒伯特打算将这首钢琴曲呈献给他一直深深敬爱的贝多芬。当然，这和普通的赠送不同，在乐谱的封面上，贝多芬的名字被放在文字的中央，并用象征荣耀的月桂树叶围起来，这种做法确实很符合性情老实的舒伯特的作风。并且所谓的"法国式歌曲"是舒伯特在杰利茨庄时所作的歌曲，他把这首歌曲改写成钢琴变奏曲献给贝多芬。这时候是1822年的4月，舒伯特那年25岁。

舒伯特拿着刚印好的乐谱，兴奋地向约瑟夫·胡登巴勒说：

"我要把这份乐谱送给贝多芬先生，你能不能和我一起去？他是世界上最伟大的音乐家！听说，在不久的将来，他就会完成一首有合唱的大交响曲，真不知道这首大交响曲会是多么伟大！像我这样的人，是绝不能跟他相比的。我的交响曲比起器乐大作曲家贝多芬的大交响曲，简直是小巫见大巫！我也只能把歌曲改成的钢琴曲，呈献给他而已。据说很早之前，他的耳疾很严重，现在几乎连自己作的曲子都听不到。所以，他平常脾气很古怪，不愿意见生人。我很怕见不到他，约瑟夫，请你陪我一起去吧！"

因为以前安斯林曾到过贝多芬所住的地方，所以身为弟弟的约瑟夫便答应他说："当然没问题！"

这个乐谱的封面上虽然写着"贝多芬"的大字样，但约瑟夫一直介意的事是，封面上所印的"版权所有者巴贝雅"这些字。

"这句话真是让我感觉很不舒服！这种话听着感觉是你这个作曲者自己连所有权都没有，巴贝雅可以随便出版你的作品，有权自由发售。"

"是这样没错。"舒伯特露出了一副很自然的表情说，"我决定以后都让巴贝雅出版我的作品，这样做我不是更有利一些吗？巴贝雅也是这样说的。这个老家伙固然不怎么样，但有时也相当亲切。我和贝多芬不一样，我的作品尤其是器乐曲（器乐指键盘乐器，特别是钢琴），不容易卖掉。所以，我与其按照售出的数量慢慢地拿钱，还不如刚开始就先拿到一笔可观的钱，然后把其他的事都交给巴贝雅处理。我觉得这样对我比较有利，而且也不麻烦。不过如果卖不出去的话，就实在太对不起巴贝雅了！因为听说纸张费和印刷费都相当的贵。"

"这么说，你把《魔王》《野玫瑰》等歌曲的乐谱版权也卖了？"

"那是当然了！"舒伯特毫不在意地回答。

听舒伯特这么一说，约瑟夫·胡登巴勒内心不禁叫道："这下子可坏了！"

其实，不懂世事的舒伯特早就被狡诈的乐谱出版商巴贝雅欺骗了。因为，巴贝雅明白，将来舒伯特的作品必然畅销，所以他就和舒伯特签订合同，凡是舒伯特的作品，他一律买下版权，将来无论是否畅销，都不必再付给舒伯特任何代价。

"唉！舒伯特，这回你是上了那个老狐狸的当了！"

舒伯特诧异地说："怎么会呢？"

但是后来，当他听了胡登巴勒的说明之后，心里虽然很不愉快，但仍半信半疑地说：

"怎么会是这样子呢？但是我觉得没关系的，反正已经答应他了，现在最重要的事是，要尽快把这首变奏曲送给贝多芬，不知道他看了这首曲子后会怎么说？"

现在舒伯特心中只是关心和贝多芬见面的事情。胡登巴勒说：

"你之前看见过贝多芬吗？"

"当然了，我之前曾经远远地看过他好几次。是在音乐
会场或是啤酒店这类的地方看到的。在很久之前的萨列里先
生的庆祝会上，我第一次见到他。"

可是，内向的舒伯特多年以来从来不敢走到贝多芬的面
前自我介绍。

这一次，舒伯特为了呈献自己作的曲子给贝多芬，才
鼓起了勇气准备去拜访他。这天，他准备去拜访52岁的音
乐家贝多芬，也难怪他要紧张、兴奋了！那时，贝多芬住
在治诺斯多弗街一直过去的德布林克地方，舒伯特对那地
方很熟。

舒伯特终于来到了贝多芬家的大门口，他的心仍旧狂跳
不止，他拉了门铃的绳子后，有一位女用人出来开门，他看
了一眼穿着朴素而戴了一副眼镜的小个子舒伯特后，说：

"先生出门去了。"

"这样啊，那么请问他什么时候回来？"

"我想大概是出去散步了，他并没有说到哪里去。他带
了乐稿出去，我不知道他什么时候能回来，请问你有什么事
吗？"

"没什么很重要的事情。假如先生回来的话，请你把这
东西交给他。"

现在舒伯特明显有一些惊慌，见不到贝多芬，他觉得很

遗憾。他把小心翼翼拿来的包装好的乐谱，交给了女佣。女用人又说：

"请问尊姓大名？"

"全都写在里面了。"

站在舒伯特旁边的约瑟夫·胡登巴勒口吻轻松地向女用人说：

"他是作曲家舒伯特。"

没一会儿，他们就向这位女用人告别，很快地离开了贝多芬的家。

过了半年左右，舒伯特完成了第五首弥撒曲（《降 A 大调》）。其实，这首弥撒曲是在三年前写成的，舒伯特又加以修改，这对于舒伯特来说，是很少有的事。后来，舒伯特再次把这首弥撒曲修改了一番。他之所以把一首作品改了又改，很可能是受到了贝多芬的影响。贝多芬每写一首作品的时候，往往是花费很长的时间才完成，例如著名的《第九交响曲》完成于 1823 年，但贝多芬开始写这首交响曲时是在 1817 年或者更早。

舒贝尔和舒伯特从 1821 年秋天开始合作写的歌剧《阿方索与艾斯翠拉》，于 1822 年 2 月在维也纳完成。

演剧界消息灵通的舒贝尔，虽经过相当的努力，但这出歌剧仍然没有上演的机会。

舒伯特曾经在维也纳拜访了一位著名的音乐前辈，这位音乐前辈对于他的歌剧《阿方索与艾特瑞拉》非常欣赏。

153

虽然有前辈的推荐,《阿方索与艾斯翠拉》仍没有办法在维也纳的任何一家歌剧院上演。

"不要着急,咱们千万不要为了这种事泄气。"

现在,在匈牙利皇冠馆,舒伯特愉快地将自己的啤酒杯碰了一下舒贝尔的酒杯,然后一口气就喝干了。

约瑟夫·胡登巴勒有点担心地说:"舒伯特,你不能再这样继续喝下去了!我哥哥安斯林和回到林茨的斯帕文都非常期望你有所发展。"

"你们不必担心,我迟早会把交响曲寄给安斯林。另外,我也写信给老爹了,我告诉他,我经常住在黑驹小学,让他放心。"舒伯特越说越高兴。

对于歌剧《阿方索与艾斯翠拉》还没有上演的事,约瑟夫·胡登巴勒比作词者、作曲者二人还要着急。

他不但向维也纳的宫廷剧院和其他剧院交涉,甚至向慕尼黑和布拉格(捷克首都)的剧院接洽,假如不愿上演《阿方索和艾斯翠拉》的话,希望能够同意上演舒伯特的早期歌剧《恶魔山庄》(1814年作),可是他的这些努力都没有成功。胡登巴勒还很关心舒伯特乐谱出版的事。

就在1822年秋天,他特地写信给莱比锡的出版社交涉,可是这件事和五年前在莱比锡出版社所作的交涉情形一样,也失败了。

虽然经过不少挫折,但由于斯帕文和安斯林·胡登巴勒的大力推荐,舒伯特成了林茨市和格拉兹市音乐协会的荣誉会员。

舒伯特把歌曲集"作品13"寄给斯帕文，发信地点写的是驹野的黑驹小学。他父亲所办的这所小学，过去曾在驹野一带搬迁了好几次。

"约瑟夫，舒伯特，你们两个预祝我成功吧！现在我正在学习演戏，迟早有一天我会登上舞台，让观众们大声叫好。你们看怎么样？"

舒贝尔把酒杯举起，舒伯特也立刻把杯子举起，碰了一下舒贝尔的杯子，可是胡登巴勒却犹豫了一下。

"利奥波德，你来得正好，我们正准备到别的地方继续喝酒。"

因为18岁的画家利奥波德出现，舒贝尔和舒伯特似乎越来越高兴。可是，约瑟夫·胡登巴勒并不赞成再到其他地方喝酒，他可能是想起哥哥安斯林回乡奔丧的事。

后来，舒伯特写上"1822年10月30日"寄给约瑟夫的哥哥安斯林的作品，就是闻名后世的第八交响曲《未完成交响曲》（B小调）。

舒伯特被推荐为以格拉兹市为中心的东南地方音乐协会的荣誉会员，他为了感谢音乐协会，便根据当时的习惯，把这首《第八交响曲》经由住在当地的好友安斯林转送给音乐协会。但是，为什么在舒伯特去世后的37年（1865年），这份乐谱会在已成为老人的安斯林·胡登巴勒家被发现，而在此后才被公开演奏呢？

这最主要的原因就是，当时安斯林以为，舒伯特的这首只有两个乐章的《未完成交响曲》，还没有完成，所以，他继续等待舒伯特寄第三和第四乐章，而迟迟没有送交音乐协会。

其实，在1821年舒伯特所写的《第七交响曲》，也没有完成管弦乐的总谱。但这首1822年的《未完成交响曲》因为后来特别出名，所以才会产生各种传说。这首《未完成交响曲》是充分发挥舒伯特浪漫本质的伟大杰作，情趣生动的美妙乐音，与结构严谨的贝多芬交响曲有着全然不同的魅力。

1822年，舒伯特25岁的这一年，虽然历经种种艰辛，受到乐谱出版商巴贝雅的欺骗，写好的歌剧又没有机会上演，但到了秋天，他根据旧作《流浪者》（1828年），改写成杰出的钢琴曲《流浪者幻想曲》，可见他的作曲力仍旧很强。

再遇困境

1823年5月，约瑟夫·胡登巴勒又开始为舒伯特操心了，他对舒伯特说："舒伯特，有没有问题？你帮这种剧本作曲，如果审查官说话，你准备怎么办？"

"像梅尔豪费尔那种懂得艺术的审查官，也许只是百里挑一罢了。这次的剧名《菲拉布拉斯》只是剧中人物的名字，应该不至于像上次的《共谋者》受到审查官的干涉。"

"你的作曲欲真是旺盛，让人吃惊！不过舒伯特，你的脸色看起来不太好，别忘了不久前你还住过医院。"

舒伯特在 26 岁这年，是有生之来第一次住院。听说，当时他接受了水银疗法，头发脱落得很厉害，可以确定那次他得了一种恶性的疾病。

幸好，病情得到遏制，他能够提早出院。到了 4 月，他又完成了《共谋者》的歌剧作曲。这出歌剧的内容，是叙述远征回来的十字军骑士与留守在家的太太之间所发生的各种纠纷，是一出内容单纯的歌剧。所谓的《共谋者》是指太太和骑士们之间的计谋。但审查官认为这个剧名不妥当，予以驳回。

舒伯特过去早已经历过类似的事，所以，他毫不气馁地开始写另外一部歌剧《菲拉布拉斯》。

"这出歌剧的剧本是卡普怀塞（画家）写的，所以，宫廷剧院的经理巴尔巴耶私下拜托我作曲。"舒伯特对约瑟夫·胡登巴勒说。

"巴尔巴耶是个意大利人，所以，他还是属于罗西尼派的人。你这人实在太不懂世事，容易受骗，你和巴贝雅之间交涉得如何？"

"我认为巴贝雅这个人做事太过分，已经交给他的作品就算了，但从此以后，我决定要和他断绝往来。以后，我的作品要让沙华出版社来出版。"

"请恕我直问，那首《流浪者幻想曲》，你卖给巴贝雅多少钱？"

"20 弗罗林。"

"你说什么！怎么那么少！你真是太不懂得为人处世了！"胡登巴勒失声大叫着。

后来，乐谱出版商巴贝雅光是出版《流浪者幻想曲》一首曲子，就赚了 27000 弗罗林。然而，这个奸商却只以 20 弗罗林，就把它从舒伯特手中骗了过去。从这里就可以看出，舒伯特实在是老实得让人想揍他！

后来发生了一件意外的事情，沙华出版社以小资本经营为借口，也有意欺骗舒伯特。巴贝雅后来把巴贝雅出版社交给他的儿子经营，这位新负责人的态度和他父亲不同。所以，舒伯特再次让巴贝雅出版社印刷出版他的作品，当然，这次他格外地小心。

26 岁的舒伯特几乎在两星期之内，就完成了三幕歌剧《菲拉布拉斯》的第一幕和第二幕，作曲速度特别快。这时候，前宫廷歌手弗格尔再度邀请他一起前往上奥地利旅行。舒伯特在林茨受到了斯帕文的招待，并成了林茨音乐协会的荣誉会员。这是一次愉快而忙碌的旅行。大概是因为这次旅行太劳累，舒伯特回到维也纳之后，旧病复发，再次住院疗养。

"实在抱歉！但是因为头发脱落得厉害，往后也只好用这个假发了。"舒伯特苍白的脸上泛着红晕，向来探病的年轻学生说明放在病床上枕头旁的假发用途。

"请您不用担心，学长，说实话，你的头发比我上次来探病的时候多了些。请您放心继续创作《美丽的磨坊少女》。学长在作曲的时候，可以不用钢琴，真让人称奇！之前我在宏威克特学校时，首次唱了您作的《魔王》，现在还感到很骄傲。"

比舒伯特小 4 岁的前童声高音蓝特哈廷加现在担任某贵族的秘书。有一天，他偶然遇见了舒伯特。于是，再度与舒伯特来往。

"实在是很感谢你！听你这么说。我虽然有些不好意思，但我也很激动。我知道穆勒的诗《美丽的磨坊少女》，也是多亏了你。你过来看看，这次我写的是这个。"

舒伯特在枕边小茶几上的假发旁，拿起乐稿给蓝特哈廷加看。22 岁的蓝特哈廷加看了后十分惊讶地说：

"啊，已经写到《猎人》的部分了吗？"

随后，他拿起乐谱就唱：

"猎人，你在这里做什么？"

之前这位唱童声高音的歌手，此时此刻是用男中音轻声地唱了起来。

《美丽的磨坊少女》是由 25 篇诗组成的长篇故事诗。内容讲述的是一位到外地学习磨粉的年轻人在一条小溪旁的磨坊里，遇见了一个很漂亮的少女，于是双双坠入爱河。但自从来了一位猎人之后，少女就变了心，爱上了猎人。年轻人因悲伤过度，最后投河自杀。

舒伯特在为歌剧《菲拉布拉斯》作曲前，访问蓝特哈廷加的时候，无意间看到了《美丽的磨坊少女》这部诗，便向蓝特哈廷加借了回来，用了很短的时间就作了10首曲子，这次住院之后，仍旧继续为这部诗作曲，现在已写到第十四曲《猎人》了。

在当时的文学作品中，穆勒的这部诗并不算优秀的作品，但因为舒伯特的谱曲而流传于后世。在这25篇诗之中，舒伯特为其中的20篇谱了曲。这出歌剧是民谣的形式，音乐的旋律和伴奏的技巧，完全表达出诗中的自然风味。后来，这出《美丽的磨坊少女》歌剧曾令贝多芬极为感动。

舒伯特出院以后，秋天完成的歌剧《菲拉布拉斯》，虽然有一部分的曲子十分美妙，可是因为剧本写得太差，所以从整体上看来，结构不是很好。卡纳特剧院的经理巴尔巴耶虽然在10月就已拿到了1000多页的誊清乐谱，但并没有表明何时可以上演。

舒贝尔为了他的新歌剧《欧丽安特》的上演，又从德累斯顿来到维也纳。在这出歌剧首演的第二天，舒贝尔问舒伯特：

"你觉得《欧丽安特》怎么样？"

"虽然很好，但我认为，上次的《魔禅射手》更好！"

舒伯特生性憨厚，所以他就直截了当地回答。舒贝尔可能是因为连续好几天忙碌疲劳，听到舒伯特这么说，感到很不高兴。因为舒伯特的过分率直，伤了彼此的感情，所以原来想请舒贝尔推荐上演的歌剧《菲拉布拉斯》，当下就泡了汤。

到了12月中旬，歌剧《欧丽安特》的剧本作者，伯爵夫人海米娜·冯·西奇，为了上演的《罗莎蒙德》，请舒伯特作曲，这位伯爵夫人没有什么才能，舒贝尔的歌剧《欧丽安特》之所以没有成功，应该也是由于她写的剧本很差。因为舒伯特总是希望自己能在歌剧方面有所成就，所以，他答应为她的这部《罗莎蒙德》作曲。40 岁的伯爵夫人要求舒伯特要在限定期限内完成作曲，可是舒伯特说：

"这怎么可能！夫人，您要我 5 天就作出来？纵使我作曲的速度很快，可是这个期限太短了！再说在上演之前，还必须作管弦乐方面的练习。"

"舒伯特先生，我听说你作曲的速度很快。但是，你也不必担心，假如时间不够，可以用你以前写过的任何一首序曲来作为这部剧乐的序曲。"伯爵夫人很轻松地说着。

舒伯特只好在 5 天之内，很快地作间奏曲、芭蕾舞曲和合唱曲，大约共作了 10 首曲子。他每写完一曲，就把乐谱交给安·迪亚·维也纳剧院。但最后没有时间写序曲，所以，他只好将一直未上演的歌剧《阿方索与艾斯翠拉》的序曲，作为剧乐《罗莎蒙德》的序曲。

舒伯特在 5 天之内写成的每一首曲子（包括序曲），都受到欢迎。可因为剧本的本身是毫无价值的作品，所以流传到后世的，只有舒伯特的音乐而已。

"戏剧本身很无聊，但你的音乐实在美妙！我真希望我在绘画时也能和你一样，自由自在的。"舒伯特的年轻朋友，19 岁的画家利奥波德说。

舒伯特说:"舒贝尔终于当上了演员,离开了维也纳。老爹还是暂时在林茨工作。我在见伯爵夫人时,还要戴上假发。1823年对我来说是不吉利的一年!"

26岁的舒伯特在年尾的一个晚上,面带忧愁地拿着酒杯,向比他年轻的好友利奥波德举杯。在这一年之中,除了《美丽的磨坊少女》之外,舒伯特还为瓦尔特的诗谱了《你是我的安慰》和《老人之歌》等出色的歌曲。

优秀之作

1824年的8月,舒伯特寄给年轻画家利奥波德一封信,信中说:"虽然身在'向往的星星'旁边,但仍旧常常想回到维也纳……"

5月份离开维也纳的舒伯特一直没有消息,经过了三个月之后,利奥波德才收到他寄来的第一封信。

信上又说:

"假如你、舒贝尔或是卡普怀塞也能在这里,那该有多好!"

一天黄昏,利奥波德前往拜访约瑟夫·胡登巴勒的时候,诗人梅尔豪费尔正好也在。因为信里没有提到他们二人的名字,所以,利奥波德并没有把信拿给他们看,只把信的内容讲给他们听。

"'向往的星星'是什么?"

"就是埃斯特哈齐伯爵的千金,凭我的直觉,那一定是妹妹卡洛琳。"

"我也是这么想的。现在,我想起埃斯特哈齐伯爵让舒伯特去匈牙利的事了。那个时候舒伯特还很年轻,大概只有像利奥波德现在的年纪,不过,他不像利奥波德这么问东问西的。"胡登巴勒说道。

利奥波德说:

"你这家伙!伯爵的千金卡洛琳·埃斯特哈齐今年有多少岁呢?"

"现在应该有十七八岁吧,那个时候,她坐在马车里面,我们所看到的,只是一个小女孩,长得很可爱也很漂亮。现在可能变成一位美人了吧!听说,当时她就已经比她的姐姐更具音乐才华。"

梅尔豪费尔说完后,胡登巴勒接着说:

"没想到舒伯特在 27 岁这一年,竟然能够再次去往他之前去过的杰利茨庄当音乐家教。不过还好,他已经完全恢复了健康。在伯爵的别墅里,业余歌手昔恩休泰男爵会演唱舒伯特的曲子,卡洛琳又会弹钢琴,他一定生活得很愉快。可他生性孤僻,这是没办法改变了,从去年到现在,舒伯特发生了很多不愉快的事。"

胡登巴勒说这些是有根据的。

舒伯特 1824 年所出版的《美丽的磨坊少女》第一版,

卖得很不理想，之后在桑莱斯勒家的演奏会也在 2 月因为一些原因而中止，再后来歌剧《阿方索与艾斯翠拉》因为没有收到剧院经理的通知而无法上演，除此之外，虽然头发已不再脱落，可是他的左手开始疼痛。

即使是经过了如此坎坷，在这年春天，舒伯特仍作了《八重奏曲》和两首《四重奏曲》等。由于他健康情况不是很好，收入也断断续续。就在他心情最不顺畅的时候，意外地，埃斯特哈齐伯爵要付给他 500 弗罗林，邀请他去往匈牙利的杰利茨庄。

格兰河的匈牙利风景、长藤缠绕的伯爵别墅和住在那儿的人们，都是舒伯特一直怀念的。伯爵的两位千金，尤其是妹妹卡洛琳，更是吸引舒伯特。

杰利茨庄和过去一样，仍然常常举行交际性质的演奏会。舒伯特为了伯爵的两位千金，写了奏鸣曲、舞曲、变奏曲和匈牙利式的嬉游曲等钢琴联弹曲。除此之外，也为伯爵夫人和客人写了一些合唱曲。在这种华美且带有田园气氛的生活中，他逐渐恢复了健康。可离开了朋友们已经三个月了，舒伯特开始有些不能忍受了。

"舒伯特他很容易会感到寂寞的。之前去斯帕文和安斯林间故乡（林茨市和格拉兹市）的时候，想当演员的舒贝尔到弗罗茨瓦夫（位于波兰西南部）的时候，以及卡普怀塞到罗马的时候，他眼睁睁看着他的朋友们陆陆续续离开了维也纳，心里感到很寂寞。不过这次，杰利茨庄有一颗'向往的星星'。为什么舒伯特不和那位漂亮又年轻的小姐关系更进一步呢？真是让人着急，也让人觉得可惜！"

利奥波德说完后，胡登巴勒和梅尔豪费尔就说：

"你这个家伙！舒伯特怎么能像你呢！"

"内向的舒伯特不可能去引诱伯爵的千金的。"

"可是……"利奥波德还是不服气："我认为他一定是爱上了卡洛琳，卡洛琳也一定很爱他。但是假如他们二人结婚，恐怕不太容易。"

事实正是如此，他们两个人的婚姻是由他们的身份决定的。在当时的社会，这是全然不可能的事。

虽然他们彼此深爱着对方，可始终无法结合。舒伯特为此非常悲伤。有一天，他正在写《B 小调交响曲》的第三乐章的时候，忽然停下笔来，在乐谱旁写着：

"正如我的爱情没有结果一样，这首交响曲也不能完成。"

这时候，他毅然地放弃了作这首曲子，所以后世的人把这个曲子叫做《未完成交响曲》。当然，这只是传说。可是，为什么会产生这种说法呢？

这是因为，舒伯特把《幻想曲》（F 小调、作品 103）公开献给卡洛琳·埃斯特哈齐。这份乐谱是由巴贝雅出版社出版。封面上用法文印着："献给伯爵千金卡洛琳·埃斯特哈齐"，并且印上了他的名字"舒伯特"。

当然，伯爵千金卡洛琳没有和舒伯特结婚，在舒伯特 32 岁那年，她嫁给另一个男人。而且，卡洛琳也妥善地保存舒伯特献给他的乐谱，一直到她去世为止。对于舒伯特和卡洛琳的恋爱故事，人们有着各种想象和传说。有人说，《未完成交响曲》让他们产生了感情，还有人说，其实舒贝尔就是舒伯特的情敌。

不过这些故事都是一些传说罢了，并不可信。

虽然，舒伯特曾经在美丽的伯爵千金身旁生活了很长时间，可到了秋天，由于舒伯特过度思念好友，他毅然地回到了维也纳。回故乡之后，舒伯特立刻就为新乐器"吉他大提琴"（一种小型大提琴）作曲，之后还经常与利奥波德等好友一起到酒吧喝酒。自从舒伯特从杰利茨庄回来之后，他似乎已经完全恢复了健康。

声名远播

1825 年，维也纳的布耳格剧院中有音乐天分的女演员索菲亚·穆勒是"舒伯特迷"，她经常邀请舒伯特和前宫廷歌手弗格尔前去做客。当舒伯特的朋友画家利奥波德见到他的时候，就用着羡慕的语气说："舒伯特你这家伙，现在是不是又要去女朋友那边？这么漂亮的女演员，要是我也一睹风采，我就满足了。"

女演员索菲亚有着写日记的习惯，她在日记上经常会记载一些关于舒伯特拜访的事。他们一起唱歌，经常会带着《年轻的修女》等写完的曲子一起商讨。

之前所举行的"舒伯特作品发表会",也就是以舒伯特的朋友和至交们为听众的音乐会,到了1825年,也从之前在桑莱斯勒家举行的大规模聚会变成了小型的聚餐。

演员索菲亚在日记上所记的《年轻的修女》,是舒伯特的作品当中最具有戏剧性的一个杰作。可是,在舒伯特这一年的作品当中,最让后世称赞的,是为英国诗人司各特的诗《湖畔少女》所谱成的《圣母颂》。平常只负责钢琴伴奏的舒伯特,对于这首《圣母颂》却亲自演唱,这让参加"舒伯特作品发表会"的朋友们十分感动。

随后,"舒伯特帮"人数逐渐递增,学法律但爱好演剧和音乐的巴恩费尔德,还有年轻的名作曲家拉贺那等人,都加入了"舒伯特帮",纷纷成为了舒伯特的好友。

舒伯特的画家朋友利奥波德开玩笑地说着:"现在,这个家伙的艳福真是不浅,连现在最有名的女歌手安娜·米尔德都总是想见他了。"

确实,舒伯特的名声是越来越响亮了。

舒伯特和新的朋友们接触之后,在创作方面也经常会出现新的灵感。自从舒伯特和女歌手安娜·米尔德还有爱好演剧的巴恩费尔德结识之后,他计划再写一出新歌剧《格瑞申的伯爵夫人》。

现在,舒伯特不管年长或年少,只要谈话投机,他都能够和对方聊得愉快。有一次,向来贫穷的舒伯特花了10弗罗林的高价买了两张入场券，邀请年轻的伙伴巴恩费尔德去听小提琴名手帕格尼尼的演奏会，这让巴恩费尔德感到十分惊诧。

已经有 57 岁的前宫廷歌手弗格尔邀请舒伯特一起回乡，他说："我准备在 3 月底或 4 月回故乡，舒伯特，你要不要一起去？"

听完这些话，28 岁的舒伯特马上答应了。弗格尔早先一步出发回乡，而舒伯特则写完了《奏鸣曲》（A 小调）等一些曲子之后，随后赶上去。在与弗格尔会合之前，舒伯特还在路上作了旅行演奏。

舒伯特到了上奥地利的斯提尔市的时候，随之又受到了热烈的欢迎。尤其是弗格尔因为演唱《圣母颂》等舒伯特的近期杰作之时，更是受到了热烈的欢迎。可让他们遗憾的是，在他们到达林茨市的两天之前，斯帕文已经调到别的地方了。

不过，斯帕文让他的亲戚们都准备好欢迎舒伯特了。

让人意想不到的是，舒伯特可能是回忆起斯帕文曾经把他的作品寄给大诗人歌德，这次他竟然亲自把巴贝雅出版的"作品 19"，也就是《加尼米特》等作品的乐谱寄给了歌德。

舒伯特还千辛万苦地写了一篇对他表示敬意的文章一起寄了过去。可是，歌德这一次还是没有回信。

当时，歌德正致力于完成自己最后阶段的创作，所以后来连贝多芬寄信给他，他都没有回信。歌德一直到了晚年才第一次在一场音乐会中欣赏到舒伯特用他的诗谱成的《魔王》，当他看完后，感动得流下泪水，可是那时候舒伯特已经不在人世了。

很早之前就一直欣赏舒伯特的格里尔帕策，在 1825 年曾经为了歌剧《阿方索与艾斯翠拉》的上演，十分积极地向一个剧院交涉，可是最后还是没能够达成目的。这一年，舒伯特过着很贫苦的生活。

"舒伯特，别告诉我你还在留恋歌剧的作曲！我劝你还是别浪费时间去写那些歌剧了！"

"是啊！你真的不用浪费这么多精力在这方面了。你能够将随意一首诗都能谱成名曲，而且在器乐曲方面，你前一阵的《D 调四重奏曲》(《死神与少女》)，也都受到欢迎啊！"

现在，舒伯特的每一个朋友都劝他不要太热衷于歌剧的作曲。这些朋友是画家利奥波德、好不容易才调回维也纳的斯帕文、放弃当演员的公务员舒贝尔，以及舒伯特的新朋友，年轻的作曲家拉贺那等人。这时候已经是 1826 年晚春了。

但是，29 岁的舒伯特说：

"我很感谢你们能够这么说！可是我现在已经决定了，一定要在歌剧的舞台上让世人感到震惊。当然我也会继续写其他方面的曲子，这是因为最近我的创作欲望越来越旺盛了！我现在为了艺术而不顾家庭的约束，跟我的好朋友共同生活，真是太好了！利奥波德，你也赶快画出杰作吧！"

就在这一年的 5 月，舒伯特在威陵的北部租了一个房间，他跟利奥波德、舒贝尔一起生活。现在舒伯特的脾气总是显得有些暴躁，并且他的健康情况也十分让人担忧。

1825 年，舒伯特与弗格尔一起外出旅行的时候，萨列里以 75 岁的高龄去世。于是，皇宫的乐团指挥空缺了一个位置。舒伯特的朋友们都劝他去应征这个职位，可自从舒伯特应征莱巴赫的师范学校音乐工作失败之后，他辞谢了当宫廷风琴师的职务，他只希望过无拘无束的生活。

然而这一次，因为他的好朋友们不断地劝说，无奈之下，舒伯特就在那年春天，向当局提出申请。但是，他这样做可能与他深切地想上演自己创作的歌剧有关系。

"因为舒贝尔和卡普怀塞好不容易才来到维也纳，同时，由于申请工作和搬家，所以才没答应梅尔豪费尔和巴恩费尔德邀我去旅行的事。这一次，巴恩费尔德答应要帮我写歌剧脚本，我有一些激动，现在我都快等不及了！现在我正写信给正在旅行的巴恩费尔德。"

舒伯特这些话，让他的朋友们听了很无奈。

这一年的 7 月，一天黄昏，巴恩费尔德乘船从多瑙河旅行归来。当他到达诺斯多弗的时候，舒伯特和利奥波德刚好从咖啡店走出来，他们看到巴恩费尔德的时候，激动地叫了起来。舒伯特马上问他："歌剧的剧本在哪里？"

巴恩费尔德就大模大样地把歌剧《格瑞申的伯爵夫人》的剧本拿出来给他。之后，他们一起去往威陵见了舒贝尔。那天晚上和之前一样，大家聚在一起彻夜畅谈。

但让人伤心的是，这个剧本也被驳回。舒伯特在歌剧方面，仍旧处于运气不佳的状态。

虽然如此，但这一年的夏天，舒伯特创作了莎士比亚剧《辛白林》中的《听，听！云雀！》一曲，秋天他又作了《G 大调钢琴奏鸣曲》（作品 78，通称为《幻想曲》）送给了斯帕文。除此之外，他还创作了杰出的声乐曲和器乐曲。

在 1826 年这一年当中，从前一直单身的前宫廷歌手弗格尔、斯帕文和画家卡普怀塞等，这些舒伯特亲密的朋友们先后都结婚了。

舒伯特此时还是单身，他眼睁睁看着密友们都结了婚，心里难免有些落寞。可他那闻名于后世的歌曲《冬之旅》，就是从这一年开始创作的。

带病继续创作

"是吗？贝多芬竟然病成那个样子了？"

1827 年 3 月的下旬，贝多芬病重的消息已经传遍了奥地利。26 日的下午，春季的天空中突然变得很阴暗，傍晚的时候下起了瓢泼的大雨，就在这时候，病危的贝多芬安然地离开了人世。

安斯林·胡登巴勒用带着颤抖的声音，将贝多芬临终前的情况告诉了舒伯特。安斯林·胡登巴勒从故乡来到了维也纳之后，去探望贝多芬的时候，恰巧与贝多芬见了最后一面。

他激动地跟舒伯特说着："贝多芬的秘书跟我说，就在今年的一二月的时候，贝多芬经常看你的作品，他总是说舒伯特有神一般的才能。舒伯特你应该感到高兴，贝多芬都认为你是个天才呢！"

听到朋友这些话，30 岁的舒伯特兴奋地浑身发抖，他低头闭目不语，一直保持沉默，也许他是在这些话语中，在颇受触动的同时，为这位伟大音乐家的逝去而默哀。

据说，在贝多芬病重的时候，舒伯特曾经去过贝多芬的家，与贝多芬进行了最后的告别。

伟大音乐家贝多芬的葬礼在 12 月 29 日举行，舒伯特停在他的灵柩一边，用他戴着黑色手套的手举着用百合花围成的火把，怀着沉痛的心情朝着威陵墓地走去。

葬礼结束之后，舒伯特与他的音乐家朋友蓝特哈廷加和拉贺那一起去往在卡纳特大街上的"梅耳格只餐厅"。在那里，他们先为已经逝去的贝多芬的伟大艺术干了一杯。舒伯特说："现在这位伟人已经被我们埋葬了，那么谁将是下一个被埋葬的人呢？"

"您拒绝了卡纳特剧院的工作，是真的吗？"蓝特哈廷加客气地问舒伯特。

"这当然不是我拒绝的了，是因为我太任性，而被对方拒绝了。我和歌剧院实在是没什么缘分。也许，只有歌曲才比较适合我吧！蓝特哈廷加，多亏了你，我才知道了《美丽的磨坊少女》作者穆勒。现在我也已经开始谱《冬之旅》，等完成的时候，我应当去见见穆勒。"

"很不错，但是穆勒貌似还住在柏林。听说《冬之旅》诗集，是他把抒情诗搜集编成的，并不像《美丽的磨坊少女》那样，是一部很连续性的叙事诗。"

"是这样，所以当我作曲的时候没有按照他所排的顺序，我仍旧要把它编成一个故事。"

《冬之旅》共 24 个曲子，舒伯特没有按照诗集所排列的顺序作曲。在《冬之旅》的全曲之中，以第五曲《菩提树》最为出名，这首曲子是反复三次大调旋律的简单歌曲，原作是在大调中包含着小调，是一首把过去梦想的快乐和冷酷的现实作对比，带着一些民间的风味，并且是一种隐约的有伤感的绝妙曲目。

"我觉得这应该是一部出色的作品。可是舒伯特，为什么这次的《冬之旅》比起之前的《美丽的磨坊少女》，在整体感觉上会这样的忧郁和凄凉呢？"

1827 年 10 月，舒伯特在斯帕文、舒贝尔和其他好友的前面，亲自演唱《冬之旅》。当时，大家都很激动，更对其赞赏不已。可斯帕文却不明白这首曲子带着凄凉的原因。

"其实我也是这么认为的。"舒贝尔也感受到了《冬之旅》中的哀愁，所以十分严肃地说："后面的 12 首曲子是在这次的旅行中写完的，完全与舒伯特的作风相符。可是这些忧郁和凄凉，也许是受了你健康情况不佳的影响。你去格拉兹的时候，安斯林他们虽然热情地招待你，可你又去了很多地方，也许正是因为这样，你才会身体欠佳。你现在的脸色比之前的又差了很多。"

"是这样的。"约瑟夫·胡登巴勒也很同意地点头，随后他立刻转变话题："还有，你那首美妙的《小夜曲》发表的时候，你竟然忘记了到演奏会现场！拜托你作曲的安娜·弗利奇都快急死了，她是凭借着自己的第六感才跑到那家酒吧找到了你，竟然发现你却悠闲地在那边喝酒呢！现在想想，真是有些可笑！不过当然，见到你的佳作不断，我也替你感到很高兴，而且今年你还在很多家出版社出版了很多新旧作品，所以你应该可以稍微休息了。我们实在担心你现在的健康情况。"

"谢谢你们这么关心我，请你们千万不要担心，我觉得我最近的作曲情绪不错。我就证明给你们看吧！现在你们看这些作品怎么样？"

舒伯特一边说，一边从旅行袋中拿出来一些乐稿，兴奋地说着："这些作品都是在这次的旅行中写的。"说完之后，他就坐在钢琴前，连续弹奏了好几首小曲。他的朋友们听了这些曲子，都不停称赞他。

这些曲子就是后来被命名为《即兴曲》和《乐兴之时》等的杰出名曲。

虽然舒伯特现在的健康情况不是很好，但他此时的创作更加充实了，他在这年所作的曲子，种类和数量都不少。

当听到他的密友都在为他鼓掌的时候，他觉得很欣慰，他半开玩笑地说:"怎么样?这些音乐没有你们说的凄凉了吧?现在我真想见见穆勒,要耐心地鼓励一下这个失恋的诗人。"

"你还没有听说吗,舒伯特?报纸上刊登了,很不幸,33岁的穆勒前一阵子在他的家乡美因茨(德国中部)逝世了。"

当舒伯特听完舒贝尔刚才说的话,震惊得半天没有说话,他那没有血色、病态的脸上,增添了一抹惊恐。

生命的落幕

1828年,"舒伯特作品发表会"仍旧进行着。

"之前我的家庭条件不是很好,所以去当公务员,还在布耳格剧院担任编剧见习生,所以我没有给予你更多的帮助。可是舒伯特,我一定会替你找一个免费的音乐演奏大厅,举行一场对外作品发表会,不单单只是咱们一群人聚在一起欣赏的'舒伯特作品发表会'。而且我还知道,斯帕文、舒贝尔、约瑟夫·胡登巴勒和利奥波德等人,都很想给你开一次这种音乐会。"

舒伯特的朋友讲完这些之后,他激动得热泪横流:"真是太感谢大家了!"可他立刻又担心地说:"除了器乐和声乐演出者的酬劳外,如果真想开一场大型的音乐会,会花费很多的钱呢!"

"这个不用担心，就交给我吧！"这时候，编剧见习生巴恩费尔德说："你就不用为这事情担心了，弗格尔早就已经答应为你无条件演出了。"

　　"真的是这样吗？"舒伯特听完了之后已经掩饰不住自己内心的喜悦。

　　这是舒伯特这一生当中第一次，也是最后一次的作品公开发表会。1828年3月26日，就在贝多芬逝世一周年的那天，这场作品公开发表会在维也纳市中心的塔克拉宾街之音乐协会大厅举行。

　　这次演奏会的曲目，除了四重奏曲、三重奏曲之外，还有男声和女声的合唱曲或独唱曲，一共有7首曲子，都是舒伯特最近才完成的，并且这次的演奏会是由作曲者舒伯特亲自担任钢琴伴奏。

　　这次的演出者除了前宫廷歌手弗格尔外，还有许多舒伯特朋友中音乐才能比较突出的人参加，所以这次音乐会场盛况空前，每演奏完一曲，全场都爆出如雷鸣般的掌声。这场演奏结束之后，听众们纷纷要求继续演奏，所以舒伯特有好几回不得不返回台上加演。这次的音乐会将舒伯特的人生推向了最高点。

　　这次的对外作品发表会，舒伯特竟然赚了800弗罗林。他很激动，不停感谢他的朋友们，将赚来的钱买了一架很好的钢琴。

　　"这个家伙实在是不懂得节俭，这样下去肯定不行，没过多久他一定又会过穷日子了！"

"不管怎么样，他的创作力为什么这么旺盛呢？我真担心他身体扛不住！"

"别说这种晦气话了！"

那时候，舒伯特的密友们没有将情况跟他坦白，可心中都为他担忧。因为，31 岁的舒伯特此时已经什么都不管不顾了，耗费很大的精力埋头作曲。

在对外作品发表会之前，舒伯特就已经写完了 C 大调的《伟大交响曲》。5 月，他又完成了剧作家格里尔帕策作词的神剧《米利安的胜利》。6 月，他跟朋友们一起外出郊游的时候，又灵感突发，记下了很多钢琴曲，同时开始作弥撒曲，在这段时间之内，他也作了很多歌曲。

后来，舒伯特的健康状况慢慢变得恶劣，到了 9 月，终于由哥哥费迪南德出面，将舒伯特安置在他郊外的家。费迪南德的家是一幢刚刚租来的三层楼，因为刚刚盖好，所以房子的湿气特别重，这对舒伯特的身体伤害也不小。

"舒伯特，既然你搬到这来了，就应该好好休息。"

虽然他的哥哥总是不停地劝告和制止他，可舒伯特仍然在 9 月间，用搬到费迪南德家的那架钢琴，完成了三首曲子。这种作曲速度让费迪南德更是担心，于是，他准备缓和弟弟的情绪。10 月初，费迪南德在准备和两个朋友一起作徒步旅行的时候，也邀请了舒伯特。在这次的徒步旅行中，舒伯特拜谒了音乐前辈约瑟夫·海顿的墓地。

就在这三天的旅行期间,舒伯特为一首著名的诗《信鸽》谱出了十分优雅的曲子,而这首歌曲竟然成为了他最后一首作品。

舒伯特旅行完回家后的几天,健康状况一直都很好,但到了 10 月中旬之后,他的食欲大大下降。

从那时候开始,舒伯特就开始吃药,食物吃得更少了。也许他认为散步对身体很好,所以从 11 月 3 日开始,他经常悠闲地在环境优雅的教会附近散步。他还前往维也纳市区,拜访了宫廷指挥者兼对位法专家西蒙·席克特。

舒伯特竟然想跟知名度很高的 41 岁理论家席克特学习对位法和赋格(遁走曲),而这两个科目,都是他之前在霍尔泽先生和萨列里先生那里一直没有学到的。可能是舒伯特梦想着达到他所敬爱的贝多芬的水准吧!

11 月 1 日,舒伯特写给舒贝尔的最后一封信中说他现在生病了,已经 11 天不吃不喝了。

好友斯帕文去探病的时候,舒伯特的妹妹正在细心照顾他。17 日的下午,他的另一个朋友巴恩费尔德去探望舒伯特时,正躺在床上的他,一会聊着他那没有完成的歌剧《格瑞申的伯爵夫人》,一会儿又胡言乱语。

18 日,舒伯特感觉自己像是躺在地上,他拼命地向哥哥费迪南德说要回自己的房间,还说贝多芬不在这里。后来医生赶到的时候,舒伯特忽然将手伸到了床边,他抓着墙壁生硬地说:"这已经是我的终点了!"

19 日，舒伯特再也没有说过一句话，下午 3 点的时候，他安详地离去了。就这样，这位天才的作曲家、奥国的歌曲之王弗朗茨·舒伯特，结束了自己 31 岁的短暂生命。

舒伯特的葬礼于两天之后的 21 日下午，在圣约瑟夫教会举行。舒伯特安然地睡在灵柩中，带着音乐的灵感而离去了。这一天，舒伯特的那些密友们还有许多很喜欢舒伯特音乐的人都前往参加了葬礼。他们在葬礼上还唱了舒伯特的《愿你平安》。

葬礼仪式完成之后，舒伯特的遗体被运到威陵墓场，埋葬在了贝多芬的墓旁。哥哥费迪南德明白这一定是他的弟弟美好的愿望，这是他为舒伯特特意安排的。

虽然舒伯特的才能是优越的，而且灵感也是永无止境的，可惜他在 31 岁的时候就结束了短暂的音乐生涯。

舒伯特留下了很多优秀的作品，尤其是他所写的伟大的声乐作品，更让他获得"歌曲之王"的称誉。我们细细聆听他的歌曲，能够在他的悠扬歌曲之中，听出几分忧伤，真可谓是让人动情的音乐！

舒伯特墓